최열 아저씨의 지구촌 환경 이야기

**최열 아저씨의
지구촌 환경 이야기**

글 최열 그림 노희성
초판 1쇄 발행일 2020년 7월 30일 **9쇄 발행일** 2024년 5월 10일
펴낸이 박봉서 **펴낸곳** ㈜크레용하우스 **출판등록** 제1998-000024호
편집 이민정·최은지 **디자인** 이혜인 **마케팅** 한승훈·신빛나라 **제작** 김금순
주소 서울 광진구 천호대로 709-9 **전화** (02)3436-1711 **팩스** (02)3436-1410
인스타 @crayonhouse.book **이메일** crayon@crayonhouse.co.kr

ⓒ 최열, 2020
이 책에 실린 글과 그림은 무단 전재 및 무단 복제할 수 없습니다.

ISBN 978-89-5547-704-7 74080

이 도서의 국립중앙도서관 출판시도서목록(CIP)은 서지정보유통지원시스템 홈페이지(http://seoji.nl.go.kr)와
국가자료공동목록시스템(http://www.nl.go.kr/kolisnet)에서 이용하실 수 있습니다.(CIP제어번호: CIP2020028792)

최열 아저씨의
지구촌 환경 이야기

크레용하우스

이 책을 읽는 어린이들에게

안녕? 나는 환경 운동 연합의 최열 아저씨란다.

환경 운동 연합은 우리의 아름다운 환경을 지키기 위해서 여러 가지 활동을 하는 단체야.

우리가 사는 환경은 공기, 흙, 물, 동식물 같은 자연 환경과 의식주, 정치, 경제, 역사, 문화 등의 사회 환경으로 나눌 수 있어. 환경 운동은 자연 환경을 깨끗이 하기 위한 활동을 말하는 거란다. 그리고 오염된 자연 환경을 원래대로 되돌리는 일도 환경 운동이라고 하지.

내가 처음 환경 운동을 하겠다고 마음먹은 곳은 감옥이었단다. 감옥이라고 하니까 무시무시하게 들리지? 하지만 그때는 자기 생각을 말하는 것조차 조심스러울 만큼 모든 사람의 자유가 억눌린 독재 정권 시기였어. 나는 국민의 권리를 찾기 위해서 독재 정권과 맞서 싸우다가 감옥에 들어가게 되었지. 한 평도 되지 않는 감옥에서 생활하기는 무척 힘들었어.

하지만 나는 그 시간을 고맙게 생각한단다. 왜냐하면 환경의 소중함을 깨달을 수 있었기 때문이야. 나는 많은 책을 읽으면서 환경이 얼마나 중요한지를 알 수 있었어. 그런데 그때만 해도 우리 나라에는 환경 오염이 얼마나 심각한 문제인지를 깨달은 사람이 드물었지. 누구라도 먼저 나서서 환경 문제를 이야기해야 했어. 그래서 감옥에서 나오자마자 환경 운동을 시작했단다.

지금은 사람들이 환경에 대해 관심을 많이 기울이고, 환경 운동을 하는 사람도 많아졌어. 하지만 한번 상처 입은 우리의 환경은 점점 병이 깊어지고 있단다. 도시의 하늘은 파란색일 때보다 회색일 때가 더 많고, 강은 뿌옇게 되었으며, 땅은 아스팔트로 덮여 버렸지. 이렇게 하늘과 물과 땅이 오염되니까, 먹을거리도 오염되었어. 게다가 많은 사람들이 한 곳에 모여 살면서 쓰레기를 마구 버려서 곳곳에 쓰레기가 넘쳐 나고 있지.

그리고 사람들이 석탄, 석유, 천연가스 같은 화석 연료를 많이 사용해서 지구가 점점 더워지고 있어. 그래서 전 세계의 날씨도 이상해졌지. 어떤 곳은 비가 너무 많이 와서, 어떤 곳은 비가 너무 오지 않아서 걱정이야. 또 어떤 곳에서는 갑자기 추워진 날씨 때문에 많은 사람이 죽고, 어떤 곳에서는 갑자기 더워진 날씨 때문에 사람과 동물이 죽고 있단다.

이렇게 환경이 병든 것은 그동안 어른들이 자연을 함부로 대했기 때문이야. 그런데 왜 너희에게 환경 문제를 이야기할까. 환경을 오염시킨 것은 어른들인데 말이지. 그건 너희도 언젠가는 어른이 되기 때문이야. 어렸을 적 버릇은 어른이 되어서도 계속된단다. 너희가 지금부터 지구와 친구가 되어서 친구가 어디가 아픈지를 알고, 아픈 친구를 위해서 어떻게 살아야 하는지를 익히지 않으면 어른이 되어서도 병든 지구를 치료할 수 없어.

어린이들은 마음이 자연처럼 순수하고 깨끗해서 옳은 말을 들으면 곧바로 실천할 수 있는 힘을 가지고 있어. 몇 년 전에 《최열 아저씨의 우리 환경 이야기》를 냈을 때, 한 달 만에 5,000여 통의 편지를 받았단다. 어린이들은 자연을 지키기 위해 자기들이 해야 할 것들을 적고, 꼭 그 일을 실천하겠다고 편지에 썼어. 어떤 친구는 앞으로 콜라는 절대 먹지 않겠다고 했고, 어떤 친구는 샴푸와 합성 세제를 사용하지 않겠다고 했어. 나는 그 편지들을 읽으면서 너희야말로 자연과 친구가 되어 지구를 치료해 줄 수 있는 가장 훌륭한 의사라고 생각했단다.

《최열 아저씨의 우리 환경 이야기》에서는 주로 우리 나라의 환경 문제에 대해서만 이야기했어. 그런데 환경 문제는 우리 나라 사람만 잘 한다고 해결되지 않아. 브라질의 숲이 파괴되면 브라질 사람뿐 아니라 우리 나라 사람까지 피해를 입는단다. 그리고 중국의 공기가 오염되면 바람을

타고 우리 나라까지 오염 물질이 날아오지. 다른 나라의 환경이 더러워져서 먹을거리가 오염되면, 그것을 수입해서 먹는 우리 나라 사람들의 건강까지 나빠질 수 있어.

나는 이 책에서는 전 세계의 환경 문제를 짚어 보면서, 다른 나라 사람들은 환경 문제를 어떻게 해결하고 있는지를 이야기할 거야. 그리고 지구에 살고 있는 우리가 함께 노력해야 할 것은 무엇인지 살펴볼 생각이란다.

너희가 이 책을 읽으면서 좀더 넓은 눈으로 환경을 생각하고 적극적으로 실천했으면 해. 환경 운동은 얼마나 많이 알고 있느냐보다도 어떻게 실천하느냐가 중요하거든.

참, 지난번에는 편지를 받고도 친구들에게 답장을 보내지 못해서 미안했어. 하지만 이번에는 너희의 편지에 답장하겠다고 약속할게. 이 책을 읽고 느낀 점이나 좋은 생각이 있으면 꼭 알려 주렴.

2002년 4월

최열 아저씨가

이메일 : choi@greenfund.org

추천하는 말

어린이 여러분, 안녕하세요?

저는 최윤영이라고 해요. 이 책을 쓰신 환경 운동 연합 최열 사무 총장님의 딸이죠. 초등 학교 6학년이던 7년 전에 인사말을 실을 때는 편한 마음으로 친구들에게 이야기하듯 썼어요. 그런데 대학생이 된 지금은 무슨 말을 어떻게 해야 이 책을 읽는 어린이들에게 도움이 될까 하는 생각에 걱정이 됩니다. 그 동안 환경이 더욱 나빠져서 마음도 무겁고요.

여러분에게 먼저 하고 싶은 말은 자연과 우리가 하나라는 점이에요. 저는 어릴 때부터, 환경 운동을 하시는 아버지에게 자연이 얼마나 소중한지를 배웠어요. 아버지와 함께 수목원에 가서 나무와 풀과 꽃 들의 이름을 배웠던 기억이 아직도 생생해요. 눈에 보이지는 않지만 많은 것을 얻는 의미 있는 시간이었지요. 이 글을 읽는 어린이 여러분도 자연 속에서 많은 시간을 보낼 수 있기를 바랍니다. 자연과 친구가 된 사람들은 자연을 함부로 망가뜨리지 않거든요.

얼마 전부터 환경 운동 연합에서 자원 봉사를 하면서 많은 어린이를 만났어요. 이 어린이들은 환경에 대해 많은 관심을 갖고 적극적으로 활동하고 있었어요. 동강댐 건설 백지화 운동, 새만금 간척 반대 운동에 참여한 어린이들도 많았답니다. 덕분에 동강에는 댐이 세워지지 않았고, 갯벌

　생태계 탐사 활동은 전국적으로 활발하게 진행되고 있어요. 이런 어린이들을 보면서 우리 환경의 미래가 밝아지고 있다는 것을 느끼지요.

　하지만 반드시 어떤 활동을 해야 하는 것은 아니에요. 환경 운동 연합에 들러 어린이 생태관에서 야생 동물의 생생한 소리를 듣고, 종류별로 진열되어 있는 나무들을 보는 것도 자연과 친해지는 좋은 방법이죠. 참, 환경 운동 연합에 들를 때는 환경 운동 연합 어린이 회원들이 만드는 '푸르미'라는 월간 소식지도 보고 오세요. 다른 친구들이 쓰레기를 함부로 버리거나 꽃을 마음대로 꺾은 일을 반성하는 그림을 보거나 글을 읽으며 자신을 뒤돌아볼 수 있을 거예요.

　환경 운동이 특별하고 대단한 것은 아니랍니다. 자신이 할 수 있는 작은 일부터 주위에서 찾아보세요. 그리고 제가 아버지에게 받았던 가르침이 그대로 담겨 있는 이 책도 여러분이 환경을 아끼는 데 도움이 될 거예요. 책을 읽고 나서 주위 친구들과 환경 문제에 대해서 토론도 하고, 이 책을 읽지 않은 친구들에게 우리가 할 수 있는 작은 일들을 알려 주세요. 그러는 사이에 여러분의 생각과 마음은 훌쩍 자라날 것입니다.

2002년 4월

최윤영

최열 아저씨의 지구촌 환경 이야기

이 책을 읽는 어린이들에게	4
추천하는 말	8

첫째 마당, 먹을거리 이야기

"아빠, 사 먹을 게 하나도 없어요"	18
우리 몸에 그대로 들어오는 식품 첨가물	21
화학 조미료를 꼭 넣어야만 할까	25
어린이 비만이 늘고 있다	28

햄버거가 숲을 망가뜨린다	33
어느 카우보이의 반성문	37
농약은 약이 아니라 독이다	43
수입 농산물은 꼼꼼하게 검사해야 한다	49
유전자 조작과 유전자 오염	60
유전자 조작 식품은 프랑켄슈타인 식품	66
유전자 조작 식품, 먹지 않으면 만들지 못한다	68
건강한 밥상을 찾아서	70
더 알아봅시다!	78

둘째 마당, 쓰레기 이야기

음식물 찌꺼기는 쓰레기가 아니다	84
500년 동안 썩지 않는 쓰레기	89
바닷속의 쓰레기 산	94
유령 도시를 만든 산업 쓰레기	97
더 이상 버릴 곳이 없다	101
쓰레기를 반으로, 재활용은 두 배로	106
갖고 싶은 게 많을수록 쓰레기도 늘어난다	111
더 알아봅시다!	117

셋째 마당, 물 이야기

수돗물을 믿지 못하는 세상	124
화장실의 파란 물, 하천의 검은 물	129
자연을 망가뜨리는 골프장	134
하천과 바다의 오염이 우리에게 주는 것	138
중금속이 많은 공장 폐수	142
우리 나라는 '물 부족 국가'	146
물 문제를 해결할 수 있는 방법	152
더 알아봅시다!	166

첫째 마당

먹을거리 이야기

요즘 어린이들의 몸이 약해졌다고 걱정하는 소리가 많습니다. 옛날 어린이들보다 훨씬 키도 크고 몸무게도 늘었지만, 오히려 힘은 더 약해졌다고 합니다. 뼈도 약해져서, 눈이 내린 다음 날에는 어린이 환자들이 정형외과에 많이 찾아온다는 소식도 들립니다. 또, 비만 어린이들이 늘고 있다고 합니다.

왜 그럴까요? 그건 여러 가지 이유가 있겠지만, 무엇보다도 먹을거리에 문제가 있기 때문입니다. 특히 어린이들이 좋아하는 햄버거, 피자, 아이스크림, 초콜릿, 콜라 같은 가공 식품들은 열량이 아주 높은 음식입니다. 그런데 운동까지 하지 않아서 비만인 어린이들이 늘어나는 것이지요. 게다가 조미료나 색소를 비롯한 많은 식품 첨가물이 들어 있어서 건강에 좋지 않은 영향을 줍니다.

우리 어린이들은 될 수 있으면 이런 가공 식품들을 먹지 않는 습관을 길러야 합니다. 올바른 식사와 적당한 운동이야말로 건강을 지켜 주는 지름길이니까요.

"아빠, 사 먹을 게 하나도 없어요"

대학생이 된 우리 딸 윤영이는 지금까지 한 번도 샴푸를 쓰지 않았어. 그리고 콜라도 마신 적이 없단다. 그래서 사람들은 윤영이를 '천연 기념물'이라고 부르기도 해.

'천연 기념물' 윤영이가 초등 학생일 때였어. 하루는 과자를 사러 가게에 갔다가 빈손으로 집에 돌아왔어. 무슨 일인가 싶어서 내가 물었지.

"윤영아, 왜 그냥 왔어?"

"아빠가 무슨 '맛', 무슨 '향'이 들어간 건 사 먹지 말라고 했잖아요. 그런데 그런 말이 씌어 있지 않은 과자는 하나도 없었단 말예요!"

나는 그제야 윤영이가 왜 빈손으로 왔는지 알 수 있었어.

나는 윤영이에게 과자를 살 때는 반드시 첨가물이 들어가지 않은 것을 고르라고 가르쳤거든.

　나는 환경 운동을 시작하면서 우리가 먹는 음식에 가장 먼저 관심을 가졌어. 특히 어린이들이 좋아하는 햄버거, 아이스크림, 과자, 라면, 햄같이 공장에서 만들어 내는 가공 식품에 신경을 많이 썼단다. 가공 식품에는 화학 물질인 식품 첨가물(식품을 만들 때 맛과 모양과 빛깔을 좋게 하고, 오래 보관할 수 있도록 넣는 물질)이 들어가기 때문이지.
　공장에서 만들어지는 가공 식품은 여러 가지 복잡한 과정을 거쳐서 우리에게 온단다. 가공 식품이 썩지 않게 하려고 보존료(방부제)를 넣기도 하고, 색깔을 예쁘게 하려고 여러 가지 색소를 넣기도 해.
　그러면 가공 식품에 얼마나 많은 식품 첨가물이 들어가는지 알아볼까. 아이스크림부터 살펴보자.
　아이스크림은 우유에 들어 있는 지방(유지방)에 물을 섞어서 만든단다. 그런데 유지방은 기름이라서 물과 잘 섞이지 않아. 이 때 사용하는 유화제는 유지방을 아주 작은 알갱이로 나누어서 물과 잘 섞이게 하지. 그리고 부드러운 아이스크림이 흘러내리지 않게 하기 위해

안정제를 넣고, 먹음직스런 색깔을 내기 위해 색소도 넣지.

가공 식품에는 유화제나 안정제, 색소 말고도 아주 많은 첨가물이 들어간단다. 이런 식품 첨가물들은 동물 실험을 통해 사람에게 해롭지 않다는 결과가 나온 것들이야. 그러나 몇 년 뒤에 새로운 기술로 실험을 해 보면 전혀 다른 결과가 나타나기도 하지.

몇 년 전, 미국에서는 딸기 우유나 사탕의 붉은 색깔을 내는 데 사용해 오던 적색 색소 3호가 간암을 일으킬 수 있다는 사실이 새롭게 밝혀졌어. 적색 색소 3호가 해가 없다던 발표와는 완전히 다른 내용이었지. 그 뒤로 적색 색소 3호는 사용하지 않게 되었어.

하지만 문제는 그 전에 이미 이 색소가 들어간 식품을 먹은 사람들이 있다는 사실이야. 그렇다면 간암을 일으킬 수 있는 적색 색소 3호를 먹은 사람들의 건강은 누가 책임질 수 있겠니?

자연에서 얻어 쓰는 재료들은 오랫동안 밥상에 오르면서 우리의 몸에 해롭지 않다는 것이 확인되었어. 하지만 만들어진 지 몇십 년밖에 안 된 화학 물질들이 사람 몸에 해로운지 아닌지는 아직 정확하게 알 수 없어.

60년 동안 200kg의 식품 첨가물을 먹는다.

우리 몸에 그대로 들어오는 식품 첨가물

너희들, 라면 좋아하지? 그런데 라면에 얼마나 많은 식품 첨가물이 들어가는지 아니? 라면의 면발을 쫄깃하게 만드는 인산, 면발을 먹음직스럽게 하는 여러 가지 식용 색소(식품에 빛깔을 들이는 데 쓰이는 식품 첨가물), 기름이 변하는 것을 막는 산화 방지제가 들어간단다. 게다가 라면 수프는 화학 조미료 덩어리라고 할 수 있지.

농작물(논이나 밭에 심어 가꾸는 곡식이나 채소)에 뿌려진 농약은 시간이 지나면 공기 속으로 날아가고, 합성 세제 역시 물에 씻기기 때문에 우리 몸에 들어오는 것은 일부분이야. 하지만 공장에서 식품을 만들면서 넣은 식품 첨가물은 농약이나 합성 세제와 달리 고스란히 우리 몸에 들어오기 때문에 더욱 신경을

써야 해.

식품 회사에서는 소비자를 위해 식품 첨가물을 넣는다고 하지만, 정말로 그럴까?

사람들이 식품을 고를 때 제일 먼저 보게 되는 것이 색깔이라는구나. 그래서 식품 회사에서는 더 많이 팔려고 누런 색을 띠는 밀을 하얗게 표백해서 흰 밀가루로 만든단다. 보다 맛있게 보이려고 햄에는 분홍 색소를 넣고, 또 방금 만든 것처럼 하려고 인공 향료까지 섞지. 게다가 오랜 시간이 지나도 음식이 상하지 않도록 보존료를 넣고 말이야.

결국 식품 회사는 가공 식품을 먹음직스럽게 보이도록 만들고, 유통 기간을 늘려서 오랫동안 많이 팔려고 식품 첨가물을 넣는 것일 뿐이지.

그런데도 식품 첨가물을 계속 먹어야 할까. 식품 첨가물을 덜 먹을 수 있는 좋은 방법은 없는 것일까?

식품 첨가물을 덜 먹기 위해서는 첨가물이 들어간 가공 식품을 덜 사 먹는 방법밖에 없단다. 그렇게 되면 식품 회사에서도 지금처럼 첨가물을 많이 쓰지는 않을 거야.

공업용 쇠기름으로 만든 라면

1989년, 우리 나라의 어느 식품 회사에서 라면을 만들면서 공업용 쇠기름을 사용한 사실이 밝혀져 크게 문제가 된 적이 있어. 오랫동안 그 회사의 라면을 먹어 왔던 사람들은 몹시 놀라고 화가 났지. 방송에서도 이 일을 크게 다루어서 나는 어느 토론 프로그램에 나가게 되었어. 그런데 그 자리에 나온 어떤 식품 공학자가 "지금까지 라면 먹고 죽었다는 사람은 못 봤다."고 억지를 부리면서 라면 회사 편을 드는 거야.

식품 공학자라면 나쁜 재료나 화학 물질을 사용한 음식으로 인한 피해는 오랜 시간이 지난 뒤에 나타난다는 것을 알았을 거야. 그런데도 막무가내로 나오니 기가 막혔지.

화학 조미료를 꼭 넣어야만 할까

버섯전골을 먹으러 식당에 갔을 때의 일이야. 나는 음식을 시키면서 주방장에게 화학 조미료를 쓰지 말아 달라고 부탁했어. 그런데 주방장이 고개를 갸웃하는 거야.

"조미료를 넣지 않으면 맛이 없어요."

그래서 나는 이렇게 대답했단다.

"버섯 맛이 자연스럽게 우러나는 버섯전골에 버섯 맛 조미료를 넣을 필요가 있나요?"

나는 결혼하고 나서 지금까지 집에서는 화학 조미료를 넣은 음식을 먹은 적이 없어. 재료 하나하나가 갖고 있는 고유한 향과 맛이 배어 나오는 음식을 좋아하기 때문이란다. 화학 조미료를 넣은 음식들은 조미료의 강한 맛만 남고 재료의 고유한 맛은 사라져서, 어떤 음식을 먹어도 그 음식이 그 음식일 뿐이지.

게다가 화학 조미료는 우리 몸에 아주 해롭단다. 호주에서는 한 여학생이 화학 조미료를 너무 많이 먹어서 죽은 일까지 있었어. 이 사건을 계기로 사람들은 매년 10월 16일을 '화학 조미료 안 먹는 날'로 정했지.

각 가정에서는 예전보다 화학 조미료를 덜 사용하고 있어서 다행이지만, 식당에서는 여전히 화학 조미료로 맛을 내는 곳이 많아.

1960년대에 있었던 일이야. 어떤 미국 사람이 중국 음식만 먹고 나면 속이 더부룩해지면서 졸음이 쏟아지고, 머리가 쑤시고, 목덜미와 어깨와 팔까지 결리더래. 미국 학자들이 왜 그런가 하고 살펴보았더니, 중국 음식에 화학 조미료가 너무 많이 들어갔기 때문이었어. 그 때부터 화학 조미료를 많이 먹어서 생기는 여러 가지 병의 증세를 '중국 음식점 증후군'이라고 부르게 되었지.

그런데 1980년대에 들어서면서 한국 음식을 먹은 다른 나라 사람들이 '중국 음식점 증후군'과 비슷한 증세를 보이기 시작했어. 이런 일들이 계속되자, 화학

조미료를 많이 넣은 한국 음식을 먹고 생긴 증세를 '한국 음식점 증후군'이라고 부르게 되었단다.

식당에서 화학 조미료를 덜 먹기 위해서 내가 생각해 낸 방법이 하나 있어.

식당에 가면 후추나 소금을 탁자에 놓아 두고 손님이 원하는 만큼 먹을 수 있게 하잖아. 화학 조미료도 자기 입맛에 맞게 알맞은 양을 넣어서 먹도록 탁자에 올려 놓는 거야. 그러면 화학 조미료를 먹기 싫은 사람은 억지로 먹지 않아도 되고, 별 생각 없이 먹던 사람들도 자기가 직접 넣게 되면 먹기 전에 한 번 더 생각하겠지. 이렇게 되면 지금보다는 화학 조미료를 덜 먹게 될 거야.

어린이 비만이 늘고 있다

 너희가 좋아하는 피자, 햄버거, 핫도그, 초콜릿, 청량 음료 따위는 열량(우리 몸 안에 들어온 음식이 얼마만큼의 열에너지를 갖고 있는가를 나타내는 것)이 아주 높은 음식이란다. 이렇게 열량이 높은 음식을 먹고도 밖에 나가서 뛰어놀지 않고, 책상 앞에 앉아서 컴퓨터 게임만 하면 어떻게 될까? 그 열량은 고스란히 살이 될 거야.

 쑥쑥 자라나는 청소년이 하루에 필요한 열량은 남자가 2,500~2,700킬로칼로리(열량의 단위. 기호는 kcal 또는 Cal)이고, 여자는 2,100킬로칼로리야. 그런데 간식으로 피자(1조각에 250킬로칼로리), 도넛(1개에 145킬로칼로리), 과자(새우깡 1봉지에 494킬로칼로리), 초콜릿(1개에 150킬로칼로리) 따위를 먹으면 하루에 필요한 것보다 훨씬 많은 열량을 섭취하게 된단다.

2002년에 국민 건강 보험 공단에서 발표한 자료에 따르면, 우리 나라 국민 다섯 명 가운데 한 명이 비만이라는구나. 그리고 어렸을 때 비만이었던 사람이 커서도 비만인 경우가 80~85퍼센트나 된다고 해.

그런데 비만인 사람이 운동을 하지 않으면 고혈압, 당뇨병(피 속에 포도당이 많아져서 소변에 많이 섞여 나오는 병) 같은 성인병에 걸릴 수 있어. 몸무게가 늘어날수록 심장이 피를 순환시키기가 힘들어져서 고혈압이 생길 확률이 높아지는 거란다. 너희가 좋아하는 콜라 같은 탄산 음료나 과일 음료에는 당분이 많이 들어 있어. 음료에 들어 있는 당분은 갈증을 풀어 주기는커녕 오히려 부채질해서 점점 더 많이 마시게 하는데, 이 당분이 몸 안에 쌓여서 당뇨병에 걸리게 되는 거야.

비만이 되지 않으려면 무엇보다 운동을 하는 것이 중요하단다. 내가 초등 학교 다닐 때는 하루에 1.5~2킬로미터를 걸었어. 아침에는 마당을 쓸고, 1주일에 한 번씩 마을 청소까지 했지. 그런데 지금 너희는 침

300kcal

1개 210kcal

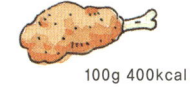
100g 400kcal

70g 150kcal

200ml 125kcal

여러 가지 식품의 열량

대에서 자니까 이불 갤 일도 없고, 청소는 어머니가 다 해 주셔서 그만큼 운동할 일이 줄어들었지. 이제부터 아침 일찍 일어나서 10~20분씩 학교 운동장에서 달려 보면 어떨까? 차가 다니지 않는 운동장에서 달리면 평소보다 맑은 공기를 6~7배나 많이 들이마실 수 있어. 그리고 운동을 꾸준하게 하다 보면, 숨을 들이쉬고 내쉴 때 폐에 들어오고 나가는 공기의 양도 점점 늘어난단다.

 어떤 친구들은 살을 빼겠다고 끼니를 거르는데, 굶는 것은 건강에 아주 좋지 않아. 너희는 한창 자랄 때라 알맞게 먹고 열심히 움직이기만 하면 금세 살이 빠질 수 있어.

 비만인 어린이들은 기름진 음식을 줄이고 규칙적으로 운동을 해 보렴. 달리기나 계단 오르내리기, 자전거 타기도 아주 좋은 운동이란다.

뼈를 약하게 만드는 콜라

일본 사람인 다무라 도요유키가 쓴《칼슘 결핍증》이라는 책을 보면 콜라에 대한 놀라운 사실이 적혀 있단다. 다무라 도요유키는 콜라가 사람의 몸에 어떤 영향을 미치는지 알아보기 위해 쥐 두 마리로 실험을 했어. 2년 동안 한 마리에게는 콜라만 주고, 다른 한 마리에게는 물만 주었지. 그랬더니 콜라만 마신 쥐는 뼈가 녹아 내려 위턱과 아래턱 부분이 너덜너덜해졌대. 시원한 느낌을 주기 위해 콜라에 넣는 인산 때문에 그렇게 된 거야. 요즘 어린이들이 잘 다치는 것은 콜라를 비롯한 탄산 음료를 너무 많이 마셔서 뼈가 약해졌기 때문이기도 해. 인산은 사람 몸 속에 들어가면, 뼈를 단단하게 만드는 칼슘과 한 덩어리가 된 다음 칼슘을 몸 밖으로 끌고 나오거든.

그러면 무엇을 마셔야 할까? 가장 좋은 건 깨끗한 물이야. 갈증을 시원하게 풀어 주고, 첨가물이 들어 있지 않으니 마음이 놓이잖아. 게다가 많이 마셔도 살찔 걱정이 전혀 없잖니. 한 가지 더! 산소가 많이 녹아 있는 섭씨 4도 안팎의 물이 가장 맛있단다.

그리고 집에서 만드는 전통 차나 음료는 화학 첨가물을 넣지 않기 때문에 사용한 재료들의 맛이 그대로 살아 있고 몸에도 좋단다.

수박 화채를 싫어하는 어린이는 별로 없겠지. 수박에는 물기가 많아서 수박을 먹으면 오줌을 자주 누게 되는데, 이때 우리 몸 안에 쌓인 나쁜 성분들이 함께 나온단다. 토마토도 갈아서 소금이나 설탕을 조금 넣어 먹으면 아주 맛있어. 여러 가지 곡식과 밤, 잣 등을 빻아서 만든 미숫가루는 한 끼 식사로도 손색이 없을 만큼 영양가가 높지. 식혜나 수정과도 몸에 좋고, 녹차나 감잎차 같은 전통 차는 머리를 맑게 한단다.

햄버거가 숲을 망가뜨린다

햄버거에 들어 있는 쇠고기가 숲을 망가뜨린다는 사실을 알고 있니?

20~30년 전만 해도 쇠고기는 쉽게 먹을 수 있는 고기가 아니었어. 명절에나 겨우 맛볼 수 있을 만큼 아주 귀하고 비쌌지. 그런데 지금은 세계 어디에서나 쇠고기가 든 햄버거를 아주 싼값에 먹을 수 있어. 공장에서 물건을 만들어 내듯, 소를 한꺼번에 많이 기르기 때문이야.

많은 소를 기르기 위해서는 숲의 나무를 베어 내서 소가 먹을 풀을 기르는 목초지(가축의 먹이가 되는 풀이 자라는 곳)를 만들어야 해. 중앙 아메리카에서는 미국 사람들이 먹는 햄버거의 고기로 쓰일 소를 기르기 위해 나무가 우거진 숲을 4분의 1 이상 망가뜨렸단다.

  세계 농업 기구의 1998년 자료에 따르면, 개발도상국 어린이 2억 명을 포함해서 전 세계적으로 8억 2,800만 명이 굶주리고 있으며, 그 가운데 1,800만 명이 해마다 죽어 간다는구나. 그런데도 어떤 곳에서는 쇠고기 1킬로그램을 얻기 위해서 옥수수 10킬로그램을 가축의 먹이로 쓴다니 어처구니가 없지 않니. 소 한 마리가 먹는 옥수수의 양이면 20명의 사람이 먹을 수 있어. 현재 지구에서 생산되는 곡물의 3분의 1을 소, 돼지, 닭 따위의 가축들이 먹어 치운다는구나!

너무나 빨리 커 버린 아이들

몇 년 전, 서인도 제도에 있는 푸에르토리코에서 끔찍한 일이 일어났어. 태어난 지 7개월 된 아기의 젖가슴이 부풀어오르고, 3~4세에 생리를 하는 어린이가 생긴 거야. 무려 2,000명쯤 되는 여자 아이들이 이런 증상을 보였대. 그러니 어른들이 얼마나 놀랐겠니?

원인은 아이들이 먹은, 미국 플로리다에서 들여온 닭고기 때문이었어. 이 닭고기는 빨리 크라고 에스트로겐이라는 여성 호르몬을 먹인 닭의 고기였지. 결국 닭이 먹은 호르몬이 사람에게 고스란히 옮겨진 거야. 이 닭고기를 먹은 아이들의 몸은 무척 빨리 자랐지만, 어느 정도 크고 나더니 성장이 멈춰 버렸대. 그래서 정작 어른이 되면 정상적인 사람들보다 훨씬 작은 키와 몸무게로 살아가야 한다고 해.

패스트푸드점에서 파는 닭튀김도 좋은 환경에서 자란 닭으로 만든 것은 아니야. 《치킨런》이라는 영화를 본 친구들은 알겠지만, 많은 닭들이 병아리 때부터 부리와 발톱을 잘린 채 비좁은 철창 안에서 옴짝달싹 못 하고 평생을 보내지. 철망 속에서 사료만 먹으면서 많은 알을 낳아야 해. 그러다 더 이상 알을 낳을 수 없게 되면 도축장으로 끌려가서 우리가 먹는 닭고기가 되는 거야.

좁은 공간에서 움직이지도 못하고 다닥다닥 붙어 사는 닭들은 몸이 약해져서 병에 잘 걸리기 때문에, 사람들은 나쁜 세균의 활동을 막는 항생제나 벌레를 죽이는 독한 살충제를 쓴단다.

옴짝달싹 못 하는
양계장의 닭들

어느 카우보이의 반성문

나는 미국 몬타나에서 가축을 기르고 가공하는 축산업을 하다가 지금은 환경 운동을 하는 하워드 리먼 씨의 글을 읽은 적이 있어. 리먼 씨가 쓴 글을 읽으면, 사람의 욕심이 얼마나 무서운 결과를 가져오는지 알게 된단다.

리먼 씨는 돈을 많이 벌기 위해 자신의 농장을 현대식으로 바꾸었어. 농사는 화학 비료와 농약을 써서 지었고, 소를 많이 사들였지. 소를 조금이라도 더 많이 기르기 위해서 축사를 지어 가둬 놓고 키웠어. 또, 소를 더 빨리 키우려고 풀 대신에 곡물을 사료로 줬지. 그런데 생각지도 않았던 문제들이 하나둘씩 생기기 시작했어.

서로 다른 곳에서 온 소들을 한 곳에 가둬 두니까 전보다 병에 잘 걸리는 거야. 원래 살던 곳이랑 풍토가 달라서 시름시름 앓는 소도 있고, 다른 소한테서 병균이 옮아 고생하는 소도 있었어. 예방 접종을 해도 크게 도움이 되지 않았어. 병에 걸린 소를 치료해 놓고 나면, 이번에는 다른 소들이 같은 병에 걸렸지. 어쩔 수 없이 리먼 씨는 소들이 먹는 사료에 나쁜 병균이 퍼지는 것을 막는 항생제를 넣었어. 병에 걸린 소에게만 항생제를 주는 것이 번거로워서, 모든 소에게 항생제를 넣은 사료를 먹였지. 하지만 병균들이 금방 항생제에 익숙해져서 효과가 오래 가지 못했어. 리먼 씨는 점점 더 강력한 항생제를 사용했지만, 소들은 몸이 약해지면서 병에 걸려 죽었어.

게다가 소들의 똥오줌에 달라붙는 파리 떼도 골칫거리였어. 숨도 못 쉴 정도로 몰려드는 파리 떼를 쫓기 위해 소들이 몸부

림치는 바람에 뿌연 먼지가 잔뜩 일어났고, 그 때문에 소들이 폐렴에 걸리기도 했어. 그래서 리먼 씨는 날마다 축사와 사료, 그리고 소들이 먹는 물에도 파리를 죽이는 살충제를 뿌렸대.

또, 파리의 알을 죽이기 위해 소의 등에도 살충제를 뿌리는 바람에 약물이 소의 몸 속으로 스며들기도 했지. 하지만 리먼 씨는 자기가 살충제를 뿌려 가며 기른 소들이 누군가의 밥상에 오를 거라는 생각은 한 번도 하지 않았대.

리먼 씨는 소를 빨리 키워서 돈을 많이 벌려고 성장 호르몬도 썼어. 이 호르몬은 암소가 밴 새끼를 유산시키는 데도 쓰였다는구나. 왜냐 하면 암소 뱃속에 든 새끼는 햄버거에 들어가는 고기로 쓸 수 없기 때문이지.

그런데 이상하게도 리먼 씨는 생각만큼 돈을 잘 벌지 못했어. 비료와 살충제와 호르몬을 사용해서 곡물의 양을 늘렸고, 소 한

마리를 키우는 데 30개월 걸리던 시간을 절반으로 줄였는데도 말이야. 그 이유는 항생제나 성장 호르몬, 화학 비료 값이 비싼 데다가, 해가 갈수록 더 많은 양을 써야 전과 같은 효과가 나타났기 때문이었지.

그러던 어느 날, 리먼 씨는 척추암에 걸리고 말았어. 리먼 씨는 수술실에 누워서 많은 생각을 했대. 과연 자신에게 중요한 것이 무엇인가, 하고 말이야.

넓은 땅과 7,000마리나 되는 소, 30대의 트럭과 20대의 트랙터, 7대의 콤바인이 자신의 가족과 비옥했던 땅보다 중요한 것인지 의문이 들었던 거야. 리먼 씨는 오랫동안 생각하다가 병이 나으면 자신이 죽인 땅을 되살리는 데 남은 인생을 바치기로 마음먹었대.

병원에서 퇴원한 리먼 씨는 화학 물질의 사용을 반대하는 농부들과 뜻을 모아 땅을 살릴 수 있는 농사법을 찾기 시작했어. 리먼 씨는 가축과 농사일, 환경에 대해서 열심히 공부했단다. 그러면서 화학 물질을 써서 소를 키우는 일이 환경과 우리 몸에 얼마나 나쁜 영향을 미치는지를 잘 알게 되었대. 그리고 그 뒤로는 고기를 먹을 수가 없었대. 그런데 신기하게도 고기를 먹지 않은 지 1년도 되지 않아서 건강을 되찾을 수 있었다는구나.

광우병과 '인간 광우병'

광우병은 소의 뇌에 구멍이 생겨서, 소가 갑자기 사나워지고 몸을 제대로 가누지 못하는 병이야.
광우병은 영국에서 가장 먼저 생겼어. 영국에서는 늙어서 젖이 안 나오는 젖소의 처리가 큰 골칫거리였어. 늙은 젖소 고기는 질기고 맛이 없어서 사람들이 먹을 수가 없었지. 그래서 1980년대 초반부터 이 늙은 젖소의 고기를 갈아 사료에 섞어서 다른 소에게 주기 시작했어. 그랬더니 이런 사료를 먹은 소들이 광우병에 걸렸단다. 소는 초식 동물(풀이나 잎, 과일, 뿌리 등 식물을 먹고 사는 동물)이라서 고기를 못 먹는데, 같은 종족의 고기를 줬으니 소가 멀쩡할 수 있었겠니.

그런데 더 큰 문제는 광우병에 걸린 쇠고기를 먹으면 사람도 이 병에 걸린다는 사실이야. 이른바 '인간 광우병'으로 불리는 야콥병은 온몸의 신경이 마비되는 병인데, 치료약이 없어서 몇 달이나 몇 년 안에 죽게 되는 무서운 병이야.

창살에 갇힌 어린 송아지

어린 송아지 고기는 가장 좋은 스테이크 재료로 꼽힌단다. 그런데 분홍빛이 도는 연한 고기를 얻으려면 송아지의 근육이 발달되면 안 된다는구나. 그래서 송아지를 좁은 우리에 가두어 운동을 못 하게 하고, 사료를 줄 때도 고기를 질기게 만드는 철분을 빼 버리지. 철분이 필요한 송아지들이 쇠창살을 핥아 먹기 시작하자, 사람들은 매정하게도 우리를 나무로 바꾸었지. 송아지들은 자기 오줌에서라도 철분을 얻어 보려고 하지만, 우리가 너무 좁아 고개를 뒤로 돌릴 수도 없어. 송아지들은 이렇게 4개월 정도 살다가 고급 식당의 스테이크 재료가 되어 버린단다.

농약은 약이 아니라 독이다

어떤 택시 기사 아저씨한테 들은 이야기야.

그 택시 기사 아저씨는 젊었을 때 베트남 전쟁에 참전한 군인이었는데, 고엽제 후유증으로 고생을 하고 있었어. 고엽제는 베트남 군이 밀림 속에 숨지 못하도록, 나뭇잎을 없애기 위해 미군이 사용한 농약이야. 이 농약을 뿌리면 나뭇잎이 말라서 우수수 떨어진다고 해서 고엽제라고 불렀지.

택시 기사 아저씨 말로는 비행기에서 고엽제를 뿌리면 군인들이 서로 맞으려고 난리였대. 고엽제를 맞으면 고엽제에 섞여 있는 경유가 몸의 열을 빼앗아 가기 때문에 시원하거든. 그러니 덥고 습한 밀림에서 단비라도 만난 듯 윗옷까지 벗고 흠뻑 뒤집어 쓴 거야. 군인들은 고엽제를 살충제라고만 생각했대. 고엽

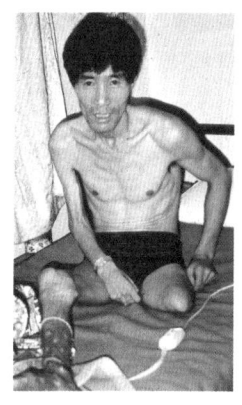
고엽제 후유증을 앓고 있는
베트남 전쟁 참전 군인

제를 뿌리면 극성을 부리던 모기들이 싹 사라졌으니까.

 다른 군인들처럼 이 택시 기사 아저씨도 고엽제를 맞았지. 그런데 전쟁이 끝나고 몇 년 뒤부터 몸에 두드러기가 나더래. 너무 가려워서 잠도 못 자고 밤새 긁어 피가 날 정도였대. 이 아저씨뿐 아니라 고엽제를 맞았던 전우들이 모두 비슷한 증세를 보였다고 해. 그 중에는 팔이 하나밖에 없는 아이를 낳은 사람도 있다는구나.

 베트남 사람들도 고엽제 때문에 많은 피해를 입었단다. 전쟁이 끝나고 난 뒤, 엄마 뱃속에 있던 많은 아이들이 죽었고, 기형아도 전쟁 전에 비해 열 배나 많이 태어났지.

 이렇게 고엽제가 많은 사람들에게 해를 입힌 것은 다이옥신 때문이야. 잡초를 없애는 농약의 주성분인 다이옥신은 1그램으로도 어른 2만 명의 목숨을 앗아갈 수 있는 아주 위험한 독극물이야. 게다가 환경 호르몬 물질이라서 기형아를 낳게도 하고, 암에 걸리게도 하지.

 약은 몸에 좋은 것을 말하는 것인데, 자연과 사람을 서서히 죽음으로 몰아 가는 농약은 약이 아니라 오히려 독이라고 하는

것이 옳겠구나. 농약을 '소리 없는 핵폭탄'이라고 부르는 사람도 있단다. 베트남 전쟁의 다이옥신처럼, 소리없이 사람들을 죽게 하기 때문이지.

왜 농약을 사용하기 시작했을까

우리 조상들은 농약 없이도 농사를 잘 지었어. 사람의 똥을 묵혀서 아궁이에서 나온 재와 섞으면 훌륭한 거름이 되었지. 이렇게 만들어진 거름을 논이나 밭에 뿌려 주면 땅의 힘이 좋아지고 농작물도 잘 자랐어.

그런데 일본이 우리 나라를 빼앗으면서 거름 대신 화학 비료를 쓰기 시작했단다. 그 때 마침 공업이 발달하기 시작한 일본은 많은 쌀이 필요해서 우리 땅에다 화학 비료를 뿌려 댔어. 화학 비료를 뿌리기 시작하면서 당장 몇 해 동안은 거름을 쓸 때보다 농사가 아주 잘 되었지.

그런데 화학 비료를 뿌린 그 때부터 우리 땅이 죽어 가기 시작한 거야. 땅이 죽어 가면서 거기서 나는 농작물도 약해져서 병균이나 해충(사람이나 농작물에 해가 되는 벌레를 통틀어 일컫는 말)을 이길 힘이 없어졌어. 그러다 보니 농약을 뿌려 해충을 죽일 수

밖에 없게 되었지. 그런데 농약은 해충만 죽이는 것이 아니라, 해충을 잡아먹는 이로운 곤충들도 많이 죽였어. 천적이 없어진 해충은 농약에 견디는 힘이 생기면서 오히려 더 활개를 치게 되었지. 이렇게 살아 남은 해충과 잡초를 없애려고 농약을 더 많이 쓰면서 땅은 더욱 황폐해졌어.

지금은 화학 비료와 농약이 생태계(생물이 서로, 그리고 주위 환경과 의지하며 균형과 조화를 이루는 자연의 체계)와 사람 몸에 나쁘다는 것을 알게 되었어. 하지만 젊은 사람들이 대부분 도시로 떠났기 때문에 농촌에는 더 이상 거름을 만들 사람이 없단다. 그래서 이제는 어쩔 수 없이 농약과 화학 비료를 사용해서 농사를 짓고 있어.

가짜 호르몬, 환경 호르몬

호르몬은 우리 몸을 잘 자라게 하고, 아기를 낳을 수 있도록 하는 데 중요한 일을 해. 그런데 우리 몸에 들어간 화학 물질 가운데 어떤 것은 호르몬 흉내를 내면서 호르몬이 하는 일을 방해하는데, 이런 물질을 '환경 호르몬'이라고 한단다.

환경 호르몬으로 밝혀진 것 가운데 절반 정도는 농약에서 나왔어. 나머지는 플라스틱 장난감, 화학 섬유, 컵라면 용기같이 우리가 자주 사용하는 물건들에서 나왔지.

환경 호르몬은 아주 적은 양으로도 아기를 낳을 수 있는 생식 능력을 떨어뜨리고, 기형아를 낳게 하거나, 암을 일으킬 만큼 아주 위험한 물질이야. 또, 동물들에게도 영향을 끼쳐서 다리가 세 개밖에 없는 강아지가 태어나기도 했어. 미국의 플로리다 주에서는 농작물에 뿌린 농약이 호수로 흘러 들어가서, 그 곳에 살고 있던 악어의 암수 생식기가 바뀐 일도 있었지.

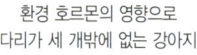

환경 호르몬의 영향으로
다리가 세 개밖에 없는 강아지

수입 농산물은 꼼꼼하게 검사해야 한다

 나는 집에서 요리하는 것을 좋아하는데, 한 번은 우리 밀로 칼국수를 해서 온 식구가 맛있게 먹은 일이 있었단다. 그리고 남은 밀가루는 그릇에 담아 두었지. 그렇게 한 달쯤 지났을까. 밀가루를 담아 두었던 그릇 뚜껑을 열어 보고 깜짝 놀랐어. 쌀이나 보리를 갉아먹는 바구미가 밀가루 속에서 기어다니고 있었거든. 나는 바구미가 얼마나 반가웠는지 몰라.
 징그럽게 생긴 벌레가 뭐가 좋냐고? 생각해 보렴. 수입 밀로 만든 밀가루는 1~2년을 두어도 벌레가 생기지 않아. 그건 벌레도 먹을 수 없을 만큼 농약에 오염되었다는 증거야.
 대부분의 밀가루는 수입 식품이야. 밀가루를 만드는 것은 우리 나라의 공장이지만, 밀가루의 원료인 밀은 대부분 다른 나라에서 들여 온단다. 그런데 이 수입 밀에는 농약이 많이 들어 있어. 밀뿐만 아니라 다른 나라에서 들여 오는 농산물들 대부분이 그렇단다.

한 번은 인천 부두에서 수입 옥수수를 내리는 작업을 하던 아저씨들이 농약에 중독된 일이 있었어. 그 가운데 한 사람은 죽고, 네 사람은 중태에 빠졌지. 그 뒤로 인천이나 부산 부두에서 일하는 사람들은 농약에 중독되지 않으려고 방독면을 쓰고 일한대.

또, 미국에서 들여 온 옥수수가 발암 물질(세포가 정상보다 훨씬 많이 늘어나면서 쓸모 없는 덩어리인 종양이 되는, 암이 생기게 하는 물질)에 오염된 것으로 드러났고, 자몽에서도 발암 물질이 발견되어 많은 사람들에게 충격을 주었어.

그렇다면 왜 이렇게 수입 농산물에는 농약이 많은 걸까?

농산물은 온도 차이가 많이 나면 쉽게 상한단다. 냉장고에 있던 음식을 밖에 내놓으면 빨리 상하는 것처럼 말이야. 그리고

수입 농산물은 거의 배로 실어 오는데, 생산지에서 우리 나라까지 오는 데 적어도 한 달쯤은 걸리기 때문에 정상적인 농산물은 썩게 마련이지.

우리 나라에 농산물을 파는 다른 나라 사람들은 물건이 썩으면 돈을 벌 수 없잖니. 그래서 농산물이 썩지 않게 살균제나 살충제 같은 농약을 뿌린단다. 수확한 다음에 뿌리는 농약은 그대로 남아 있기 때문에, 농작물을 기를 때 뿌리는 농약보다 더 위험한데 말이야.

기를 때 뿌리고, 저장할 때도 뿌리고, 배에 실어서 운반하면서도 뿌린 수입 농산물에 얼마나 많은 농약이 묻어 있을지 짐작이 가지 않니. 그래서 수입 농산물을 들여 올 때는 꼼꼼하게 검사해야 해. 요즘에는 농약에 오염된 농산물뿐 아니라 유전자가 조작된 농산물까지 들어오기 때문에 더욱 그렇지.

그런데 우리 나라는 수입 농산물에 대한 검사가 아주 허술하단다. 이런 농산물들은 하나하나 꼼꼼하게 검사해야 가려 낼 수

있는데, 우리 나라는 검사할 사람과 장비가 부족하단다. 그래서 서류만 보고 들여 오거나, 맛과 냄새가 이상하지 않으면 그대로 통과시키는 경우가 많아. 게다가 수입하는 농산물의 양이 늘어나고 검사 항목이 많아졌는데도, 농산물에 남아 있는 농약을 검사하는 기간은 오히려 45일에서 21일로 줄었어. 그러니 수박 겉핥기식 검사가 될 수밖에 없지.

미국은 자기네 나라에 들어오는 농산물들은 아주 철저하게 검사해. 다른 나라에 파는 자기네 농산물들은 그렇게 하지 못하게 하면서 말이야. 미국은 자기들이 수입할 농산물을 기르는 나라에 전문가를 보내서 농작물들이 어떻게 길러지는지 살핀단다. 그리고 자기들 기준에서 벗어나면 고치라고 요구하지.

미국은 우리 나라에서 배를 수입하고 있어. 배를 수입하기 전에 먼저 미국의 전문가들이 우리 나라에 와서 배를 기르는 땅의 상태를 분석하고, 사용하는 농약의 성분이 무엇인지 검사한단다. 이 과정에서 한 가지라도 기준치를 넘으면 자기네 나라로 수출하지 못하게 해. 또, 상자에 넣어서 포장하기 전에 배를 하나하나 살펴보는데 지나치다 싶을 정도로 꼼꼼하단다. 하지만 자기 나라 국민들의 건강을 생각해서 이러는 것은 당연한 일이야.

그렇다면 이제 우리도 우리 나라에 농산물을 수출하는 다른 나라에 전문가를 보내서 꼼꼼하게 조사해야겠지. 얼핏 생각하면 돈이 많이 드는 일 같지만, 멀리 내다보면 오히려 돈을 아끼는 방법이야. 농산물을 수입한 다음에 검사하려면 농산물을 하나하나 조사해야 하는데, 그 동안 농산물이 썩을 수도 있어. 그리고 만약 농산물에서 위험한 농약 성분이 발견되어도 수입한 다음에는 돌려 보내기가 어렵단다.

수입 농산물을 대충 검사하는 것은 아주 위험한 일이란다. 농약투성이인 수입 농산물 때문에 우리 나라 국민의 건강을 해치게 된다면, 그것은 정말 엄청난 손해가 되겠지.

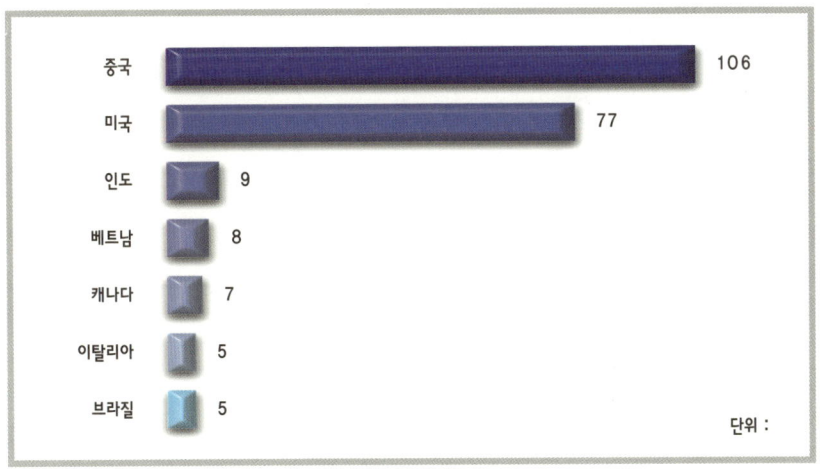

수입 부적합 식품 생산국(2000년 7월 기준)

농약 걱정 없는 우리 밀

우리가 쌀 다음으로 많이 먹는 곡물은 빵, 과자, 국수 등을 만드는 밀이야. 그런데 우리 나라에서는 밀이 우리가 먹는 양의 1퍼센트도 생산되지 않아. 나머지 99퍼센트 이상은 수입해서 먹는데, 수입 밀에는 농약이 남아 있어.

하지만 우리 나라에서 나는 밀에 대해서는 농약 걱정을 하지 않아도 돼. 우리 나라에서는 밀을 10월에 심어서 이듬해 6월에 거두어들이기 때문에 병균이나 해충 때문에 생기는 피해가 거의 없어. 그러니 농약을 뿌리지 않고도 기를 수 있지. 또, 농약에 오염되지 않은 밀짚은 가축들의 사료로도 쓰인단다. 게다가 밀은 겨울에 파란 싹을 틔워서 이산화탄소를 빨아들이고 산소를 뿜어 내지. 그리고 밀이 자라지 않는 기간에는 다른 농작물을 키울 수 있기 때문에, 한 해에 이모작도 할 수 있어.

● 침묵의 봄

1960년대 미국에서는 농작물을 많이 얻기 위해 살충제를 마구 뿌렸어. 하지만 당시 사람들은 살충제가 생태계에 어떤 악영향을 끼칠지는 생각하지 않았어. 자연을 정복하고 이용할 대상으로만 여겼거든.

그러나 레이첼 카슨의 생각은 달랐어. 《침묵의 봄》에서 카슨은 사람이 환경을 보호하지 않으면, 환경이 사람을 해칠 것이라고 경고했지.

이 책에서 카슨은 살충제가 생태계에 어떤 악영향을 끼치는지를 증명했어. 농약 때문에 봄이 와도 생명의 소리가 들리지 않는 재앙, 곧 '침묵의 봄'을 경고한 거야.

레이첼 카슨의 《침묵의 봄》을 계기로 많은 사람들이 환경 문제에 관심을 갖게 되었고, 미국 정부는 환경 보호청(EPA)을 만들었어. 그리고 디디티를 비롯한 살충제를 사용하지 않게 되었단다.

《침묵의 봄》은 1992년에 미국에서 '지난 50년 동안 출판된 책 가운데 가장 영향력이 큰 책'으로 뽑혔다는구나.

다음에 나오는 이야기는 레이첼 카슨이 1962년에 쓴 《침묵의 봄》에 나오는 동화란다.

레이첼 카슨(1907~1964)은 미국에서 태어나 존스홉킨스 대학교에서 동물학을 전공했습니다.
카슨은 1957년에 친구로부터 정부의 '모기 박멸 프로그램'에 사용된 살충제 디디티 때문에 새와 곤충이 죽어 간다는 편지를 받았습니다. 암과 싸우며 힘겹게 지내던 카슨은 마지막 힘을 다해 《침묵의 봄》을 쓰기 시작했습니다.

미국 중부 지역에, 모든 생물들이 주위의 환경과 조화를 이루며 살아가는 한 마을이 있었습니다. 마을은 비옥한 농장에 둘러싸여 있었는데, 그 농장에는 곡식이 자라는 기름진 벌판과 과일 나무가 자라는 언덕이 있었습니다. 봄에는 푸른 벌판 위로 흰 꽃구름이 떠 있고, 가을에는 참나무와 단풍나무, 자작나무들이 푸른 소나무를 배경으로 해서 울긋불긋한 색깔로 물들곤 했습니다.

　안개가 희미하게 드리우는 가을 아침이면 언덕 위에서는 여우의 울음소리가 들렸고, 사슴이 조용히 벌판을 가로질러 뛰어가곤 했습니다. 길가에는 월계수와 가막살나무, 오리나무, 푸른 이끼와 들꽃 들이 나그네의 눈을 즐겁게 했습니다.

　그 곳은 겨울철에도 아름다웠습니다. 수많은 새들이 눈 속에서 고개를 내밀고 있는 풀씨와 나무 열매 들을 먹기 위해서 날아왔습니다. 마을의 주변은 새들이 살기에 아주 좋은 곳이었습

니다. 철새들이 이동하는 봄과 가을에는 많은 사람들이 새를 보기 위해 먼 곳으로부터 왔습니다. 계곡에서부터 흘러내리는 맑고 시원한 물이 고여 있는 깊은 웅덩이에는 송어들이 떼지어 놀곤 했습니다. 그래서 최초의 이주민들이 이 곳에 와서 집을 짓고, 우물을 파고, 가축 우리를 지으며 평화로운 생활을 한 지 오랜 세월이 흘렀습니다.

그런데 이상한 기운이 이 곳에 스며들어 모든 것이 변하기 시작했습니다. 이름 모를 어떤 사악한 기운이 마을을 뒤덮었습니다. 괴질로 인해 닭들이 무더기로 죽어 갔고, 소와 양들도 병에 걸려 죽었습니다.

곳곳에 죽음의 그림자가 드리워졌습니다. 가족들의 질병에 대해 이야기하는 농부들이 날로 늘어갔습니다. 마을의 의사들은 환자들 사이에 퍼져 있는 알 수 없는 새로운 질병에 대해 크게 당황하기 시작했습니다. 이 환자들 가운데 몇몇은 별다른 이유

도 없이 죽었습니다. 어른들뿐만 아니라 활기 있게 뛰놀던 어린 아이들까지도 갑자기 병에 걸려 시름시름 앓다가 죽었습니다.

이상한 정적이 그 곳에 감돌았습니다. 그처럼 많았던 새들도 모두 사라져 버렸습니다. 그러자 많은 사람들이 당황하고 동요하기 시작했습니다. 새들에게 모이를 주던 뒤뜰도 황폐해졌습니다. 어쩌다 발견되는 몇 마리 안 되는 새들은 거의 죽을 지경이 되어서 몸을 심하게 떨었고, 날지도 못했습니다.

생명의 소리가 없는 침묵의 봄이었습니다. 떠오르는 아침 해와 함께 들려왔던 종달새, 개똥지빠귀, 비둘기, 굴뚝새 등 수많은 새들의 지저귐은 더 이상 들려오지 않았습니다. 오직 무거운 침묵만이 벌판과 숲, 소택지(늪과 연못이 많은 땅) 들을 짓누르고 있었습니다.

농장의 닭들은 알을 낳았지만 병아리를 부화시키지 못했습니다. 농부들은 새끼를 몇 마리밖에 낳지 않은 어미 돼지와, 며칠 안 되어서 이유도 없이 죽어 버리는 새끼 돼지들을 걱정했습니다. 사과나무들도 꽃을 피우기는 했지만, 꽃들 사이로 날아다니는 벌이 없었기 때문에 수정이 되지 않았고, 그래서 열매도 열리지 않았습니다.

한때 그처럼 아름답던 길가에는 불에 그을린 것처럼 짙은 갈색으로 시들어 버린 채소들이 줄지어 있을 뿐이었습니다. 이 곳

역시 모든 생명체들이 파괴되어 침묵만이 자리하고 있었습니다. 시냇물도 생명력을 잃었습니다. 시냇물에 살고 있던 물고기들이 모두 죽어 버렸습니다.

지붕의 기와 사이와 처마 아래 홈통에는 흰색의 과립형(둥글고 잔 알갱이 모양) 가루가 몇 무더기씩 보였습니다. 그 가루들은 수 주일 전에 지붕과 잔디밭, 벌판, 시냇물 곳곳에 눈처럼 뿌려진 농약 가루였습니다.

이 마을을 이처럼 황폐화시켜 새로운 생명의 탄생이 없는 침묵의 땅으로 만든 것은 마술도 아니고 적의 침입도 아니었습니다. 그것은 그 곳에 있는 사람들 스스로가 만든 재앙이었습니다.(《침묵의 봄》(1991, 참나무 출판사) 중 〈내일을 위한 동화〉에서 옮겨 옴.)

유전자 조작과 유전자 오염

　유전자 조작이란 하나의 생물체 속에 다른 생물체의 유전자를 넣어서 생물체가 또 다른 성질을 갖게 하는 거야. 세계에서 첫 번째 유전자 조작 식품인 토마토를 예로 들어 볼게.

　토마토는 원래 빨갛게 익으면 물러지기 때문에 보관하기가 쉽지 않아. 그래서 사람들은 다른 생물체에 있는 유전자를 토마토에 넣어서 빨갛게 익어도 물러지지 않는 새로운 토마토를 만들었어. 이렇게 만들어진 토마토를 유전자 조작 토마토라고 하는 거야.

　요즘에 유전자 조작된 농산물 가운데 가장 많이 생산되어 팔리는 것은 농약을 아무리 많이 뿌려도 죽지 않게 만든 유전자 조작 콩과 해충을 죽이는 독성을 넣은 옥수수 같은 농작물이야.

농사지을 때 가장 골치 아픈 것은 해충과 잡초야. 요즘은 아무리 독한 농약을 뿌려도 끄떡없는 '슈퍼 해충', '슈퍼 잡초' 들이 많이 생겼어. 그래서 아예 씨앗에다 해충에 잘 견디는 유전자나, 잡초를 없애는 제초제를 뿌려도 죽지 않고 견디는 유전자를 넣었지. 그랬더니 처음에는 해충도 달라붙지 않고, 제초제를 뿌려도 잡초만 죽을 뿐 농작물은 끄떡없었대. 잡초와 해충이 없어지니까 농사짓기도 편하고 수확량도 늘어서 이익이 커졌지. 그래서 사람들은 유전자 조작 농산물을 '꿈의 작물'이라고 불렀단다.

이런 유전자 조작 농산물의 씨앗은 대부분 세계 여러 나라에 회사를 갖고 있는 다국적 종자 회사에서 만들어진단다. 그 회사들은 싼 값에 많은 수확을 거둘 수 있는 유전자 조작 농산물이 굶주리는 사람들을 구할 수 있는 단 하나의 희망이라고 주장하고 있어. 게다가 해충과 잡초를 없애니 그만큼 농약 사용이 줄어들어 환경 오염도 줄일 수 있다는 말을 퍼뜨리고 있지.

유전자 조작 반대 포스터(그린피스 제공)

하지만 유전자 조작에 반대하는 과학자들은 유전자 조작이 생태계를 오염시킬 거라고 경고하고 있어.

해충을 잘 이겨 낼 수 있도록 만들어진 유전자 조작 농산물은 잎 끝에서 뿌리 끝까지 살충 성분이 있어서 벌레가 어느 곳을 먹더라도 죽게 되어 있어. 하지만 시간이 지나면 강력한 독에도 살아 남는 해충이 생기게 마련이야. 그리고 살아 남은 것들은 더욱 강해져서 '슈퍼 해충'이 되기 때문에 사람들은 어쩔 수 없이 전보다 더 강력한 농약을 쓸 수밖에 없게 되지.

문제는 이것만이 아니야. 유전자 조작 농산물을 만들 때 넣는 독성 유전자는 농작물과 성질이 비슷한 잡초에 번져서, 잡초를 먹는 다른 곤충들까지 죽게 된단다. 제왕나비 애벌레처럼 말이야.

밀크위드만 먹는 제왕나비 애벌레

미국, 캐나다, 멕시코에 사는 제왕나비의 애벌레는 젖같이 하얀 액체가 나오는 식물인 밀크위드만 먹고 자란단다. 그런데 유전자 조작 옥수수에서 날아온 꽃가루가 밀크위드에 번져서 제왕나비 애벌레의 절반이 죽는 일이 있었어. 결국 유전자 조작 때문에 곤충들까지 생명의 위협을 받게 된 거야.

어떤 사람들은 유전자 조작을 하면 농약

을 덜 사용하게 된다면서 유전자 조작을 찬성한단다. 그 사람들 말처럼 유전자 조작 농산물을 처음 재배할 때는 농약을 조금만 사용해도 잡초를 없앨 수 있어. 하지만 시간이 지나면 잡초에도 농약에 견딜 수 있는 힘이 생기기 때문에, 결국 더 많은 농약을 사용할 수밖에 없게 되지.

이처럼 유전자 조작 농산물이 다른 농작물이나 환경에 영향을 미치는 것을 유전자 오염이라고 해. 이런 유전자 오염은 다른 환경 오염과는 비교할 수 없을 정도로 범위가 크고 심각하단다.

황소개구리 알지? 다른 나라에서 식용으로 들여온 황소개구리가 퍼지면서 우리 토종 개구리뿐 아니라 뱀까지도 잡아먹는다고 야단이 났잖니. 우리 나라에는 황소개구리를 잡아먹는 천적이 없기 때문에 그 수가 엄청나게 늘어났고, 토종 생물들의 수는 그만큼 줄어들었지. 사람들이 아무리 황소개구리를 잡아도 완전히 몰아낼 수는 없었어.

유전자 오염도 마찬가지야. 한번 오염되면 그 피해는 빠른 속도로 생태계 전체에 퍼지게 되는데, 그렇게 되면 사람의 힘으로는 어쩔 수 없게 된단다. 그 뒤에 어떤 재앙이 닥칠지는 상상하기조차 끔찍할 정도야.

누구를 위해서 유전자 조작을 할까

제초제에 잘 견디게 유전자 조작을 한 농산물을 기르면 농약을 덜 사용하게 될 거라고 주장하던 회사들이 이제는 오히려 농약 사용을 부추기고 있어. 예를 들면 몬산토라는 이름의 다국적 종자 회사에서 만든 유전자 조작 콩은 자기 회사에서 만든 제초제에만 살아 남을 수 있단다. 결국 몬산토 사에서 만든 콩을 재배하려면 그 회사에서 만든 농약도 같이 사용해야 하는 셈이지.

미국의 델타 앤드 파인랜드 사도 한 번 수확한 곡물은 다시 싹을 틔울 수 없게 하는 '터미네이터 기술'을 개발했어. 해마다 농부들이 씨앗을 새로 사게 해서 돈을 벌겠다는 속셈이지. 이러한 기술은 생명이 있는 동식물의 번식 능력을 빼앗는 거야. 아직은 이 기술에 반대하는 사람이 많아서 상품으로 팔리고 있지 않지만, 우리가 관심을 가지지 않는다면 언젠가는 팔리게 될 거야.

유전자 조작 기술을 찬성하는 사람들은 굶주리는 사람들을 생각하면 하루라도 빨리 유전자 조작 농산물을 많이 재배해야 한다고 주장하고 있어. 그러나 지금 생산되고 있는 식량만으로도 세계 모든 사람들이 먹고 살 수 있단다. 또한 식량 생산량은 인구가 증가하는 속도보다 더 빠르게 늘고 있지. 결국 식량이 부족해서 가난한 사람들이 굶는 것은 아니야. 그렇다면 무엇이 문제일까? 가난한 사람들은 식량 살 돈이 없기에 굶주리는 거야. 굶주리는 사람들을 위해 우리가 해야 할 일은 유전자 조작 농산물을 개발하는 것이 아니라, 그 사람들이 식량을 사 먹을 수 있도록 하는 거야.

유전자 조작 식품은 프랑켄슈타인 식품

유럽에 있는 어느 성의 지하실. 불빛은 희미한데, 여기저기 온몸이 실밥투성이인 사람이 수술대 위에 누워 있었지. 성 밖에서는 천둥 번개가 치고 비가 세차게 오고 있었어. 이렇게 으스스한 분위기에서 프랑켄슈타인 박사는 자신이 만들어 낸 새 생명의 탄생을 기다렸지. 박사가 마지막 작업을 끝내자, 자신의 창조물이 움직이기 시작했어.

그러나 창조의 기쁨은 잠시뿐. 박사가 만든 '괴물'은 흉칙한 자신의 외모 때문에 따돌림을 당하는 것에 화가 나서 사람들을 마구 죽이기 시작했어. 괴물이 박사의 약혼자까지 죽이자, 박사는 자신이 만든 창조물을 없애려 했어. 하지만 박사 자신이 먼저 죽고 말았지.

이 이야기는 공상 과학 소설의 선구자인 영국 소설가 셸리가 1818년에 책으로 펴낸 《프랑켄슈타인》에 나오는 이야기야.

왜 갑자기 으스스한 공포 소설을 이야기하냐고? 유전자 조작 식품을 왜 '프랑켄슈타인 식품'이라고 하는지 알려 주기 위해서지. 프랑켄슈타인 박사가 만든 괴물처럼, 유전자 조작 식품이 언제 '괴물'로 돌변해서 사람들을 해칠지 모른다는 것을 경고하기 위해서 그린피스의 활동가들이 이런 별명을 붙였단다.

미국의 어느 종자 회사에서 브라질 호두 속에 들어 있는 단백질 유전자를 콩에 넣었어. 영양소를 골고루 갖춘 콩을 만들기 위해서였지. 그런데 미국에는 브라질 호두에 알레르기를 일으키는 사람이 많았단다. 동물 실험에서는 아무 이상이 없었지만, 사람에게서는 알레르기 반응이 나왔어. 결국 완벽한 콩을 만들겠다는 계획은 물거품이 되었어. 만약 이 콩을 판매했다면 어떤 일이 벌어졌을까? 이 유전자 조작 콩을 먹은 사람들이 브라질 호두 알레르기를 일으키는 사건이 생겼겠지. 어떤 사람은 이 콩이 판매되었다면, 옛 소련의 체르노빌에서 핵 발전소가 터져 수많은 사람이 목숨을 잃었던 사고처럼 큰 재난이 일어났을 거라고 말해. 정말 생각할수록 섬뜩하지 않니.

유전자 조작 식품,
먹지 않으면 만들지 못한다

1999년 11월. 아침 밥을 먹던 사람들은 숟가락을 놓고 자기가 먹고 있는 반찬이 무엇인지 살펴야 했어. 콩나물과 두부가 밥상에 없는 사람들은 마음을 놓았겠지. 하지만 된장과 식용유도 콩으로 만든다는 것을 알아차린 다음에는 더 이상 밥을 먹는 것이 불안해졌어.

왜 이런 일이 벌어졌을까? 우리가 먹는 콩이 유전자 조작된 콩이라는 기사가 신문에 났기 때문이야. 그 때부터 사람들이 두부를 잘 먹지 않아서, 두부 공장들이 거의 망할 뻔했어. 유전자 조작 콩이라는 표시가 붙어 있는 것도 아니고, 아니라는 표시가 있는 것도 아니어서 아예 두부를 먹지 않게 된 것이지.

영국 같은 나라는 유전자 조작 농산물을 수입하기는 하지만,

유전자 조작 표시를 꼼꼼하게 해 놓기 때문에 사람들이 제대로 선택할 수 있어. 또, 오스트리아나 룩셈부르크 같은 나라에서는 아예 유전자 조작 농산물을 받아들이지도 않고 팔지도 않지.

우리 역시 이런 노력이 필요하단다. 우리 나라는 우리 농산물만으로는 부족하기 때문에 다른 나라에서 농산물을 수입해야 해. 그렇다면 미국을 비롯한 유전자 조작 농산물을 파는 나라들을 잘 감시하고, 제대로 된 농산물을 팔라고 요구해야지.

그러기 위해서는 먼저 유전자 조작 표시가 제대로 되어 있어야 하겠지. 그리고 유전자 조작 식품을 사지 않는 거야. 그렇게 되면 회사에서도 그런 것을 만들지 못하겠지.

그래서 소비자의 선택이 중요한 거란다. 정부에서도 국민이 농산물을 마음놓고 먹을 수 있도록 노력해야 하지만, 소비자인 우리들이 제대로 알고 올바른 선택을 하는 것이 무엇보다 중요하단다.

유전자 조작 식품을 반대하는 여러 나라의 스티커

건강한 밥상을 찾아서

우리가 자주 먹는 두부나 콩나물도 마음놓고 먹지 못하는데, 이제 뭘 먹고 사나 걱정이 되지? 하지만 다음과 같은 원칙들만 잘 지키면 문제가 없단다.

우리 땅에서 나는 농산물을 먹자

서양 사람들이 고기를 많이 먹는 것은 그들의 조상이 이리저리 옮겨다니면서 가축을 기르던 유목 민족이었기 때문이야. 하지만 한 곳에 머물면서 농사를 지었던 동양 사람들은 주로 곡식과 채소를 먹었어.

고기를 많이 먹으면 단백질과 지방을 분해하는 과정에서 독이 있는 가스가 많이 나온단다. 그래서 서양 사람들은 장의 길이가 점점 짧아지게 되었어. 가스를 빨리 몸 밖으로 내보내기 위해서야. 그렇지만 채식을 주로 하면 가스가 많이 나오지 않아서, 장이 길어도 몸에 무리가 없어. 그래서 서양 사람들의 장은 동양 사람들보다 길이가 1미터쯤 짧단다.

이렇게 서양 사람과 우리는 서로 몸의 모양이나 구조가 다른데도, 우리 나라는 다른 나라에서 농산물을 많이 수입하고 있어. 만약 정부가 농업을 지원하지 않아서 농민들이 더 이상 농사를 지을 수 없게 되면, 나중에는 거의 모든 식량을 다른 나라에서 수입하게 될지도 몰라. 그렇게 되면 다른 나라가 식량을 무기로 삼아 우리 나라를 마음대로 하려 해도, 우리는 아무런 대책 없이 끌려다닐 수밖에 없겠지.

우리는 농민만을 위해서가 아니라 우리 모두를 위해서 농업을 지켜야 한단다. '신토불이'라는 말은 우리 몸과 우리가 사는 땅이 하나라는 뜻이야. 이처럼 우리가 태어나고 자란 땅에서 난

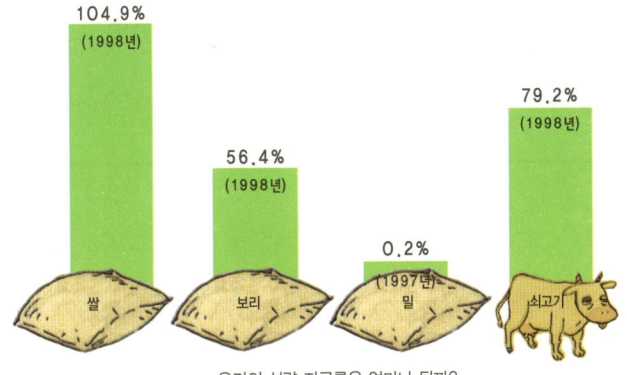

우리의 식량 자급률은 얼마나 될까?

음식이 우리 몸에 가장 잘 맞는단다. 농업이 잘 지켜지면 우리 몸에 맞는 농산물을 먹게 되어 몸이 건강해지겠지.

제철에 나는 음식을 먹자

살구, 사과, 포도, 수박 가운데 여름에 나는 과일이 아닌 것은 무엇일까?

정답은 사과야. 지금은 여름에도 사과를 먹을 수 있지만, 사과는 원래 가을에 나는 과일이란다.

딸기 3~4월

수박 5~7월

복숭아 7~8월

포도 8~9월

배 8~9월

사과 10월

감 10~1월

귤 11~12월

제철이 아닌 계절에 나오는 과일이나 채소는 우리 몸에 위험할 수 있어. 예를 들어 볼까. 추운 겨울에 딸기를 수확하려면 난방 시설이 갖추어진 비닐 하우스에서 키워야 해. 그런데 비닐 하우스 안은 습기가 잘 차서 해충이 살기 좋은 조건이야. 해충을 죽이고 양분을 주는 햇빛이 직접 들지도 않지. 게다가 비와 바람을 막는 비닐 하우스 안에서 농약을 치면, 농약이 씻겨 나가지 않기 때문에 대부분 우리 입으로 들어오게 돼. 더욱이 딸기는 껍질을 벗겨 먹는 과일도 아니기 때문에, 다른 과일보다 더 위험하단다.

제철이 아니라서 값이 몇 배나 비싸면서도 농약투성

이에 맛도 떨어지는 딸기를 건강까지 해치면서 사 먹을 필요는 없겠지.

어떤 사람들은 값이 비쌀 때 팔기 위해, 약을 써서 농작물의 성장을 빠르게도 하고 늦추기도 한단다. 그러므로 과일이나 채소의 모양이 너무 깨끗하고 색이 선명한 것들은 한번쯤 의심해 보아야 해. 싱싱하게 보이면서 오래 보관하려고 화학 물질을 사용하는 사람들이 있거든. 이런 농산물을 먹으면 우리 몸 안에 차츰차츰 독성이 쌓이게 된단다.

오염되지 않은 음식을 먹자

제철에 난 우리 농산물 중에서도 깨끗한 것을 골라 먹어야 해. 화학 비료와 농약을 잔뜩 써서 황폐해진 땅에서 기르거나 중금속(증류수에 비해 질량이 4~5배 큰 금속을 통틀어 일컫는 말)에 오염된 물로 키운 농산물은 아무리 우리 것이라도 소용없으니까.

요즘 우리 나라에서도 유기 농업을 하는 곳이 늘어나고 있어. 유기 농업이란 화학 비료나 농약이나 성장 호르몬을 되도록 쓰지 않으면서 농사를 짓는 것이야.

유기 농업으로 농사를 짓는 일은 무척 힘들단다. 먼저 화학 비료와 농약 때문에 지쳐 버린 땅을 쉬게 해야 해. 그러려면 몇 년 동안은 거름을 많이 주어서 땅의 힘을 살려야 하지. 그렇게 해도 그 동안 독해진 잡초와 해충 때문에 수확을 많이 하기는 힘들어. 게다가 잡초를 하나하나 뽑고, 해충도 직접 잡아야 해. 가축의 똥오줌으로 거름을 만드는 것도 쉽지 않은 일이야. 이렇게 손이 많이 가다 보니 유기 농산물이 일반 농산물보다 비싼 것은 당연하지.

유기 농산물은 맛이 뛰어나고 몸에도 좋지만, 무엇보다 중요한 것은 유기 농산물을 많이 사 먹을수록 우리 땅이 되살아난다는 사실이야. 논두렁에 미꾸라지, 메뚜기, 거미가 살아 숨쉬는 땅을 만드는 일은 농부들의 힘만으로 될 수 없어. 좋은 뜻으로 정성껏 기른 농산물을 사 먹어서 더 많은 농부들이 유기 농사를 짓게 하는 것은 우리 모두의 몫이란다.

그리고 정부도 유기 농업을 적극적으로 지원해야 해. 힘이 많이 들고 처음에는 거의 수확을 하지 못하기 때문에 아직까지는 유기 농업을 하는 사람들이 많지 않아. 그렇지만 정부가 지원해 준다면 유기 농업을 하려는 사람은 훨씬 늘어날 거야. 그렇게 되면 유기 농산물의 값도 낮아져서 많은 사람들이 쉽게 사 먹을 수 있겠지.

가공 식품을 적게 먹자

사람들이 병을 앓는 원인을 알아보니 70퍼센트 이상이 음식 때문이라는구나. 앞에서도 말했지만, 가공 식품에 들어 있는 식품 첨가물은 대부분 화학 물질이기 때문에 몸에 좋을 수가 없단다. 따라서 되도록 가공 식품은 적게 먹는 것이 좋아. 그리고 먹을 때는 어떤 식품 첨가물이 들어 있는지 꼼꼼히 살펴야 해. 너희가 읽기 어려운 말이 나와도 모른다고 그냥 넘어가지 말고, 그것이 어떤 것이고, 왜 넣었는지를 알아봐야 해. 아무 생각 없이 아무거나 대충 먹어서는 자신의 건강을 지킬 수 없어.

그리고 '○○맛'이나 '○○향'이라는 말에 속지 말아야 해. 너희들 중에도 '수박맛', '포도맛'이라고 적혀 있는 아이스크림을 먹으면서, 실제로 수박이나 포도가 들어 있다고 생각하는 사람이 있을 거야. 하지만 대부분은 식품  첨가물을 넣어서 맛과 향만 흉내낸 것일 뿐이야. 또, 유통 기간을 잘 살펴보는 일도 잊지 말아야겠지.

오리가 농사를 짓네!

충청 남도 홍성군 문당 마을에서 무공해 쌀을 재배하는 주형로 아저씨는 유기 농법으로 농사를 짓는 분이야. 처음 유기 농사를 시작했을 때는 사람들이 비아냥거리는 소리를 들어야 했대. 남들은 농약을 뿌려 잡초를 죽이는데, 아저씨는 힘들게 손으로 뽑았거든. 그렇게 끈질기게 농약을 치지 않고 농사를 지은 덕에 드디어 아저씨 논에서 미꾸라지가 살게 되었대. 아저씨는 반가운 마음에 미꾸라지를 잡아서 마을 사람들한테 보여 주었어. 그런데도 사람들은 "농약을 치지 않은 쌀을 먹으면 100년을 사냐?", 또는 "그렇게 하면 더 비싸게 받느냐?"라고 물으면서 아저씨가 하는 일을 못마땅하게 여겼단다.

그러던 어느 날, 아저씨는 논에다 오리들을 풀어 놓았어. 오리들은 논 구석구석을 돌아다니며 잡초와 벌레를 잡아먹었고, 오리의 똥오줌은 좋은 거름이 되었지. 이 모습을 본 동네 어른들은 "거참, 오리가 농사를 짓네." 하며 신기해 하셨대. 오리 덕분에 주형로 아저씨네 마을 사람들은 함께

무공해 농사를 지어서 땅을 건강하게 바꾸는 데 성공했어. 소문이 퍼지자 이웃 마을에서도 오리를 이용한 무공해 농사를 짓게 되었단다.

더 알아봅시다!

송보경 선생님을 찾아서

1 저희 어머니는 시장에 가서 채소나 과일을 사실 때 왜 우리 농산물만 사려고 하시는 걸까요?

어머니들이 농산물을 까다롭게 고르시는 것은 가족의 건강을 생각하기 때문이랍니다. 우리 땅에서 나는 농산물만으로는 온 국민이 먹을 수 없기 때문에, 우리 나라는 다른 나라에서 농산물을 많이 수입하지요. 그런데 수입 농산물에는 우리의 건강을 위협하는 나쁜 물질이 들어 있는 경우가 많아서 문제가 되고 있답니다. 이런 일이 일어나는 것은 다른 나라에서 우리 나라까지 오는 동안에 농산물이 썩지 않게 하려고 농약을 많이 뿌리기 때문이에요.

하지만 우리 나라 농산물이라고 해도 성장 호르몬을 사용해서 빨리 자라게 하거나 농약을 많이 쳐서 기른 농산물은 위험하지요.

2 환경을 생각하는 사람이 되려면 어떻게 해야 하나요?

빠른 속도로 기술이 발전하면서 우리의 생활이 무척 편리해졌어요. 하

지만 잊지 말아야 할 것이 있어요. 그건 바로 우리가 누리는 풍요롭고 편안한 생활 뒤에는 환경 오염이라는 어려운 숙제가 있다는 것이지요. 플라스틱 그릇과 일회용 용기는 잘 썩지 않기 때문에 쓰레기 문제를 일으키지요. 또한 우리 몸에 해로운 환경 호르몬이 나온답니다. 농산물도 마찬가지예요. 지금은 겨울에도 여름철 과일을 맛볼 수 있고, 먼 나라에서 온 농산물을 먹을 수도 있습니다. 그렇지만 신선하고 깨끗한 음식을 먹으려면 제철에 자기 땅에서 나는 농산물을 골라야 해요.

환경을 생각한다면 편하고 좋은 것만 찾아서는 안 돼요. 귀찮고 힘들더라도 미래의 깨끗한 환경을 생각하면서 우리가 할 수 있는 일을 하나씩 실천해야 한답니다.

3 과자랑 아이스크림을 먹고 그만 배탈이 났어요. 어머니는 과자도 가려서 먹어야 한다고 하셨는데, 어떤 과자를 먹어야 하나요?

우리가 가게에서 사 먹는 과자들은 공장에서 한꺼번에 많이 만들어진답니다. 그런데 이런 과자에는 우리 몸에 좋지 않은 설탕이 많이 들어 있어요. 설탕을 지나치게 많이 먹는 어린이들은 '주의력 결핍 과잉행

동 증후군'이라는 정신 질환에 많이 걸린다는 연구 결과가 나왔어요. 또한 과자 봉지에서 환경 호르몬이 발견되기도 했지요.

그러므로 될 수 있으면 가게에서 파는 과자를 먹지 않는 것이 좋고, 꼭 먹고 싶을 때는 여러 가지를 따져 보고 골라야 해요. 인공 재료보다는 자연 재료로 만든 것을 고르고, 색소나 인공 감미료가 들어간 것은 피해야 한답니다. 과자가 먹고 싶을 때는 어머니에게 맛있는 간식을 만들어 달라고 부탁해 보세요. 아마 정성이 가득 담긴 맛있는 음식을 만들어 주실 거예요.

송보경 선생님은 '소비자 문제를 생각하는 시민의 모임'을 만들어서 20여 년 동안 소비자의 권리를 찾기 위한 활동을 하셨지요. 소비자는 회사에서 만든 상품을 사기만 하는 것이 아니라, 장점과 단점을 정확하게 평가해서 더 좋은 상품을 만들도록 영향을 줄 수 있다는 사실을 일깨워 주셨지요.

둘째 마당

쓰레기 이야기

더 이상 쓰레기를 버릴 곳이 없다고 합니다. 아파트나 주택가 골목마다 넘쳐 나는 쓰레기를 처리하지 못해서 난리입니다.

　30년 전만 해도 한 사람이 1년 동안 버리는 쓰레기는 자기 몸무게 정도였다는데, 지금은 우리 나라가 세계에서 가장 쓰레기를 많이 버리는 나라 가운데 하나가 되었습니다. 이것은 대량 생산, 대량 소비에 원인이 있습니다. 물건이 너무 흔해지다 보니 조금만 싫증 나도 버리게 됩니다. 그리고 조금만 고장 나도 곧장 쓰레기통에 버리는 물건들이 늘고 있습니다. 그 바람에 쓰레기를 묻는 매립장이 부족해져서, 이제는 주로 소각장에서 쓰레기를 태운다는군요. 그런데 쓰레기를 태우는 과정에서 다이옥신이 나와서 걱정입니다. 넘쳐 나는 쓰레기 문제를 해결할 수 있는 좋은 방법이 없을까요.

음식물 찌꺼기는 쓰레기가 아니다

우리 나라는 다른 나라에 비해 쓰레기를 많이 버리는 편이야. 그 중에서도 특히 음식물 쓰레기를 많이 버려서 문제란다. 먹을 수 있는 음식까지 버리기 때문에 쓰레기 양이 엄청나거든.

이렇게 버려진 음식물 쓰레기는 대부분 매립장으로 가는데, 매립장까지 옮기는 것부터 쉽지 않아. 물기가 많아서 무겁고, 자칫하면 봉투가 터져 지저분한 물이 흘러 나와서 고약한 냄새까지 나지. 게다가 매립장에 묻은 음식물 쓰레기가 썩으면서 나오는 더러운 물은 땅을 오염시키고, 빗물과 섞이면서 지하수까지 오염시키지.

먹다 남긴 음식물 찌꺼기는 가축 사료, 퇴비 따위로 만들어 얼마든지 재활용할 수 있어. 그런데 다른 쓰레기와 섞어서 버리면 이렇게 골칫거리가 되어 버린단다.

수도권의 쓰레기를 묻는 김포 매립장의 음식물 쓰레기에서 나온 오염된 물이 그대로 인천과 강화도 앞바다로 흘러가 서해안 갯벌을 죽이고 있어. 또, 쓰레기 썩는 냄새가 하도 고약해서 매립장 주변에 사는 사람들은 더운 여름에도 문을 열어 놓지 못한다는구나. 뿐만 아니라 한겨울에도 파리와 모기들로 고생이 심하지.

그러면 태워 버리면 될 거라고? 내 이야기를 들어 보렴. 음식물 쓰레기는 물기가 많아서 잘 타지 않기 때문에 석유를 붓고 태워야 해. 그런데 석유가 타면 검은 연기가 공기를 오염시킬 뿐더러 다이옥신이 나와서 아주 위험하단다. 게다가 쓰레기를 처리하기 위해 아까운 석유를 함께 태운다는 것도 엄청난 낭비잖니.

묻어서도 안 되고, 태워서도 안 되는 음식물 찌꺼기가 쓰레기가 되지 않도록 하는 좋은 방법이 없을까?

미국 캘리포니아의 한 중학교에는 지렁이를 키워서 '벌레 선생님'으로 불리는 페인 선생님이 있어. 페인 선생님은 학교 식당에서 엄청나게 나오는

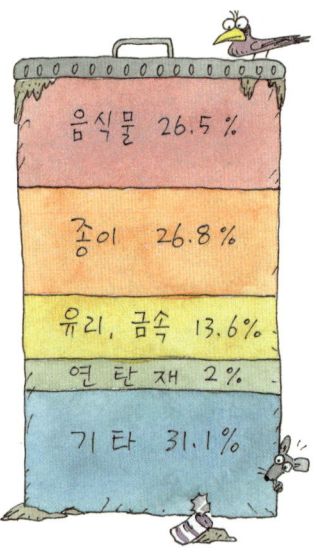

쓰레기의 비율

음식물 찌꺼기를 처리할 방법을 생각하다가 지렁이를 키우기로 했대. 지렁이는 낙엽이나 흙을 먹고 배설물을 내놓는데, 이 배설물이 식물에게는 좋은 영양분이 되거든. 그래서 선생님은 음식물 찌꺼기를 모으는 통에다 지렁이를 놓아 두었어.

페인 선생님이 생각한 대로, 지렁이들은 음식물 찌꺼기를 먹고 양분이 많은 배설물을 내놓았어. 지렁이의 배설물은 학생들이 기르는 채소의 거름으로 쓰였고, 채소는 다시 학교 식당에서 만드는 맛있는 음식의 재료가 되었단다.

'벌레 선생님'이 지렁이를 키우기 시작하면서 이 학교는 음식물 찌꺼기를 버리는 데 드는 돈을 줄일 수 있었고, 싱싱하고 맛있는 채소도 먹을 수 있게 되었지.

미국뿐 아니라 세계 여러 나라에서 음식물 찌꺼기를 그냥 버리지 않고 자원으로 활용하는 방법을 연구하고 있어. 그 중에서도 스위스는 음식물 찌꺼기를 자원으로 훌륭하게 재활용하고 있단다.

스위스에 갔을 때 보니까, 그 나라는 쓰레기를 아주 엄격하게 관리하고 있었어. 특히 음식물 찌꺼기를 다른 쓰레

한 사람이 하루에 버리는 쓰레기 양

기와 섞이지 않게 따로 모아서 버리는 날이 정해져 있었지. 그 날은 집집마다 초록색 봉투를 집 앞에 내놓더구나. 이렇게 따로 모아진 음식물 찌꺼기는 모두 비료 공장으로 가서 비료로 만들어진단다. 비료 공장에 가 보았는데, 비료가 냄새도 나지 않고 아주 부드러웠어. 이 비료는 집에서 키우는 화분에 주는 비료로 싼값에 팔리고 있었어.

우리 나라도 음식물 찌꺼기를 따로 모아서 버리고 있어. 예전에는 썩지 않는 쓰레기와 함께 버리는 일이 많았지만, 지금은 음식물 찌꺼기 버리는 날을 정해 놓고, 따로 거두어다가 퇴비나 사료로 만든단다.

그런데 음식물 찌꺼기 재활용에도 몇 가지 어려움이 있어.

광우병 사건이 난 다음부터 소를 기르는 사람들은 음식물 찌꺼기로 만든 사료를 꺼리기 시작했어. 광우병은 초식 동물인 소한테 고기를 먹이면서 생긴 병이야. 그런데 여러 곳에서 모은 음식물 찌꺼기에는 채소 같은 식물만 있는 것이 아니라 고기도 섞여 있거든. 그리고 음식물 찌꺼기로 만든 거름에는 소금기가 많아서 땅에 나쁜 영향을 끼칠 것이라고 걱정하는 사람들도 있어.

그렇다면 음식물 찌꺼기를 재활용

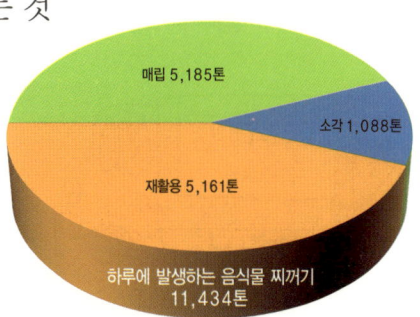

음식물 찌꺼기 가운데 재활용 되는 양(2000년 기준)

하는 것보다 더 좋은 방법이 없을까?

음식에 대한 우리의 생각을 바꿔서 음식물 찌꺼기가 조금이라도 덜 생기게 하는 것이 중요해. 손님이 오면 상다리가 부러질 정도로 많이 차리는 것이 미덕이라는 생각부터 바꿔야겠지. 이제부터 집에서는 음식을 먹을 만큼만 만들고, 식당에서도 반찬을 한꺼번에 내놓지 말고 손님이 직접 반찬을 덜어 먹게 해야 해.

이제 우리가 할 수 있는 일이 뭔지 알겠지? 알맞은 양을 담아서 남기지 않고 '싹싹' 알뜰하게 비우는 거야.

음식물 찌꺼기가 사료로 만들어지는 과정

500년 동안 썩지 않는 쓰레기

나는 텔레비전을 볼 때마다 '어쩌면 저렇게 음식 광고가 많을까.' 하고 놀란단다. 그 중에서도 물을 붓고 몇 분만 기다리면 김이 모락모락 나는 컵라면 광고를 보면 세상이 참 편해졌다는 생각이 들어. 옛날에는 새참이나 밤참으로 국수를 말아 먹었는데, 한 번 먹으려면 아주 번거로웠지. 멸치나 다시마로 국물 맛을 내고, 면은 따로 삶아서 그릇에 담은 다음, 국물을 붓고 고명을 얹고 양념장도 따로 만들어야 했어. 이것에 비하면 컵라면은 물만 붓고 조금만 기다리면 먹을 수 있으니 얼마나 편하니.

그런데 조금만 더 생각해 보자. 정말 컵라면이 국수보다 간편한 음식인지 말이야. 컵라면 그릇은 잘 썩지 않아. 컵라면 그릇의 원료인 스티로폼은 땅에 묻어도 완전히 썩으려면 500년이 더 걸린단다. 지금 우리가 컵라면을 먹는 10여 분은 편하겠지만, 우리 후손들은 아주 오랜 시간 동안 우리가 버린 컵라면 그릇 때문에 고생할 거야. 300년쯤 지난 뒤에도 썩지 않고 땅에 묻혀 있는 수많은 컵라면 그릇을 우리 후손들이 발견한다면 뭐라고 할까?

컵라면 그릇을 비롯해서 헤아릴 수도 없을 만큼 많은 일회용품들은 편한 것만 찾는 생활에서 나온 거야. 우리가 얼마나 많은 일회용품을 사용하고 있는지는 패스트푸드점에 가면 금방

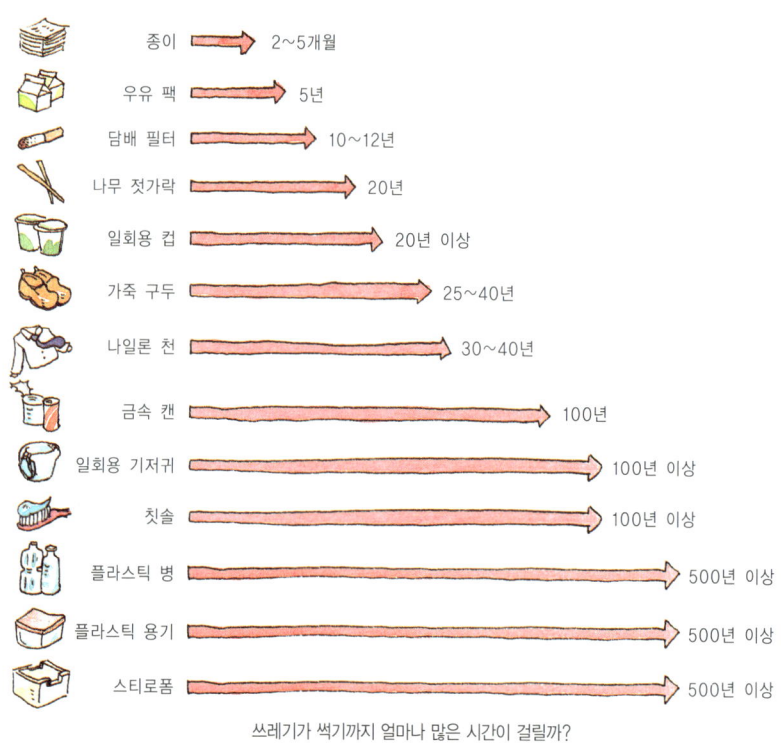

쓰레기가 썩기까지 얼마나 많은 시간이 걸릴까?

알 수 있지.

나는 담배도 피우지 않고 커피도 좋아하지 않아서, 친구들을 만날 때면 사무실 근처에 있던 빵집에 자주 갔어. 그 곳에서 빵과 우유를 시키면, 빵은 스테인리스 스틸로 된 포크와 함께 접시에, 우유는 유리컵에 담겨 나왔지. 빵과 우유를 다 먹고 나면 그릇은 깨끗이 씻어서 다시 쓸 수 있었어.

그러던 어느 날, 빵집이 없어지고 그 자리에 패스트푸드점이 생긴 거야. 어떤 곳인가 궁금해서 가 봤지. 그런데 손님이 주문을 하고 채 1분도 되기 전에 종업원이 "손님 주문하신 거 나왔습니다." 하며 쟁반을 내밀더구나.

쟁반에는 흰 종이가 깔려 있고, 비닐로 코팅된 종이에 싸인 햄버거, 빨대까지 꽂힌 스티로폼 컵에 담긴 콜라, 빳빳한 일회용 종이에 담긴 감자튀김이 놓여 있었어. 음식을 다 먹고 나니 쟁반에는 쓰레기가 수북이 쌓이더구나. 원하지 않아도 한 끼 식사를 하면서 많은 쓰레기를 버릴 수밖에 없는 곳이었어. 그 모습을 보면서 '앞으로 패스트푸드점에서 엄청나게 많은 쓰레기가 나오겠구나.' 하고 걱정이 되었어. 그리고 불행하게도 내가 염려한 대로 되고 말았지.

그런데 요즘에 반가운 소식을 하나 들었단다. 한 패스트푸드점에서 일회용품을 쓰지 않기로 한 거야. 이 가게는 일회용 컵

과 포크와 숟가락 대신 플라스틱을 사용하고, 음식물은 일회용 포장지에 넣지 않고 개인용 식판에 담아 준대. 소스도 일회용 포장지에 담긴 것을 사용하지 않고, 그릇에 덜어 먹게 한다는구나. 그런데 이렇게 일회용품을 사용하지 않으면서부터 사람들의 발길이 뜸해졌대. 그릇을 닦고 말리는 데 1분 30초 정도 걸리는데, 이 시간을 참지 못하는 손님들이 많았대. 그리고 아무리 소독 살균한다고 해도, 컵과 숟가락과 포크를 다른 사람과 함께 쓴다는 것이 꺼림칙하다면서 발길을 돌리는 손님도 많았다는구나.

　이 이야기를 들으면서 나는 독일에 갔을 때 만났던 대학생이 떠올랐어. 그 학생은 학교에서 일회용 컵을 쓰지 않으려고 배낭에 자기 컵을 매달고 다녔어. 또, 학교 매점에서도 자기 컵을 가져오는 손님에게는 커피나 다른 음료수의 값을 5~10퍼센트 정도 깎아 준다고 하더구나.

　　　　　　　　　　일회용품을 불에 태우면 환경 호르몬과 같은 해로운 물질이 나와서 우리의 환경을 파괴한단다. 그런데도 당장에 조금 더 편하기 위해서 일회용품을 사용한다면 우리의 환경은 어떻게 될까?

자동 판매기는 쓰레기 판매기

사람들은 자동 판매기가 생겨서 아무 때나 물건을 살 수 있다고 좋아하지만, 자동 판매기에서 나오는 종이 컵, 알루미늄 캔, 포장지 따위는 재활용되지 않고 대부분 쓰레기로 그냥 버려진단다. 게다가 자동 판매기는 에너지를 많이 사용해서 문제야. 자동 판매기는 언제든지 버튼만 누르면 따뜻한 커피와 차가운 음료수가 나와야 하기 때문에 24시간 내내 전기를 써야 해. 언제 올지 모르는 손님을 기다리면서 에너지를 낭비하는 셈이지.

바닷속의 쓰레기 산

여름만 되면 우리 나라의 해수욕장과 계곡은 넘쳐나는 쓰레기로 난리야. 피서 온 사람들이 실컷 놀고 먹고 난 다음에 쓰레기는 치우지 않고 몸만 쏙 빠져 나가기 때문이지. 이렇게 버려진 쓰레기는 생태계의 질서를 깨고 물을 오염시킨단다.

그렇지 않아도 이미 우리 나라의 바다는 '물 반 쓰레기 반'일 정도로 엄청나게 오염되었어. 어민들이 고기를 잡기 위해 던진 그물에는 고기보다 쓰레기가 더 많이 걸릴 정도야.

특히 서해안에서 새우잡이를 하는 사람들은 육지에서 흘러 들어온 비닐 쓰레기들 때문에 큰 피해를 입고 있어. 우리 나라 서해안에서 잡히는 새우로 만든 젓갈은 맛이 좋아서 찾는 사람이 아주 많지. 그런데 요즘은 새우를 잡을 때 함께 건져지는 찢

어진 비닐 조각 때문에 어민들이 울상이야. 새우젓을 담글 때 이 비닐들을 골라 내느라 일이 몇 배로 힘들어졌거든.

어민들을 더 힘들고 속상하게 하는 건 새우젓이 시장에서 팔릴 때야. 어민들이 아무리 열심히 비닐을 골라 내도 미처 골라 내지 못한 것은 새우젓에 섞여 있을 수

해안가에 쌓인 쓰레기들

밖에 없어. 그런데 도시 사람들은 어민들이 무게를 더 나가게 하려고 일부러 비닐을 넣었다고 오해하는 거야. 자기들이 함부로 버린 비닐이 바다까지 흘러가서 바다를 오염시키고 있다는 사실은 모르고 말이야.

그뿐만이 아니야. 바다에 사는 물고기들은 굴이나 피조개 양식장(물고기, 굴, 김 따위의 해산물을 기르는 곳)에서 나오는 스티로폼 때문에 죽어 가고 있단다. 눈이 어두운 물고기들은 조각난 스티로폼을 먹이인 줄 알고 먹었다가 탈이 나는 경우가 많아. 얼마 전에는 바다 위에 떠 있는 거북이를 발견했는데, 이 거북이는 스티로폼을 너무 많이 먹어서 물 속으로 가라앉지 못하고 물 위에 둥둥 떠 있었다는구나.

이렇게 바다 위에 떠다니는 쓰레기도 문제지만, 바닥에 가라앉아 보이지 않는 쓰레기는 더 큰 문제야. 2000년에 엄청난 돈을 들여서 육지에서 가까운 어느 바다의 바닥을 청소했더니, 어민들이 고기 잡을 때 쓰는 도구 말고도 자전거, 오토바이, 자동차까지 나왔단다.

바다는 한번 오염되면 걷잡을 수가 없기 때문에 미리 조심해야 한단다. 그런데 이미 마산항, 울산항, 광양항, 진해만은 아주 심각하게 오염되었고, 인천과 군산 앞바다도 오염이 점점 심해지고 있어. 바다가 오염되는 것을 막기 위해서는 무엇보다도 우리들의 생각이 먼저 바뀌어야 해. 바다에 가라앉으면 보이지 않는다고 거리낌없이 쓰레기를 버리면, 우리의 바다는 영영 회복하지 못할 정도로 오염되고 말 거야.

유령 도시를 만든 산업 쓰레기

미국과 캐나다의 국경에 세계에서 가장 큰 나이아가라 폭포가 있어. 그런데 이 폭포 근처의 러브 커낼이라는 곳에서 엄청난 사건이 있었어.

1892년에 윌리엄 러브라는 사람이 나이아가라 폭포 근처에 운하(육지를 파서 배가 다니게 한 물길. 농사짓는 데 필요한 물을 얻기 위해서 만들기도 한다.)와 발전소를 지으려 했어. 그러나 일을 시작하고 얼마 뒤에 경기가 나빠져서 사업이 중단되었지. 그 곳에는 러브 커낼이라는 이름이 붙은 아주 큰 웅덩이만 남고, 그 뒤 몇십 년 동안 버려졌어.

그러다가 1940년대 초에 한 화학 회사가 이 땅을 사면서 문제가 생기기 시작했어. 그 회사는 10여 년 동안 공장에서 나오는 화학 물질이 섞인 쓰레기를 아무런 처리도 하지 않고 이 웅덩이에 버렸어. 드럼통으로 11만 개쯤 되는 2만 2,000톤의 화학 물질이었지. 그러고 나서 이 회사는 1953년에 이 곳을 비롯한 주변 지역을 교육 위원회에 기증했어. 사람들은 아무것도 모른 채 이 곳에 초등 학교와 집을 지었지.

그런데 어느 날부터 학교 운동장에서 끈끈한 액체가 흘러 나오기 시작했어. 그 액체가 몸에 닿은 학생들은 화상을 입었고, 비가 오면 마을 하수도는 온통 검은 액체로 뒤덮였지. 마을의 가로수와 정원의 꽃도 시들었어. 시간이 지날수록 피해는 점점 더 커졌어. 마을 어린이들은 간질(뇌에 보통 때와 다른 흥분 상태가 나타나면서 발작이 일어나는 병), 심장병, 천식 따위의 병에 걸렸고, 어떤 집에서는 기형아가 태어났어. 원인을 알 수 없는 이상한 일들이 계속 일어나자, 전문가들이 조사를 시작했어. 이 모든 일은 10여 년 동안 화학 회사에서 마구 버린 쓰레기에서

화학 물질이 새어 나와서 벌어진 일이었어.

1978년, 카터 대통령은 미국 역사상 처음으로 이 지역을 환경 재난 지역으로 선포했어. 주민들은 다른 곳으로 떠났고, 학교는 문을 닫았지. 미국 정부는 이 지역을 다시 깨끗하게 만들기 위해 1억 달러(1달러는 1,300원 정도)가 넘는 돈을 들였지만, 지금까지도 아무도 살지 못하는 유령 도시로 남아 있단다.

산업 쓰레기란 공장에서 물건을 만들 때 나오는 쓰레기, 집이나 도로 등을 지으면서 나오는 건설 쓰레기 따위를 말해. 이런 산업 쓰레기에는 해로운 화학 물질이나 중금속 성분이 많이 있어서, 우리 나라에서는 일반 생활 쓰레기와 다르게 처리하도록 법으로 정해 놓았어. 해로운 화학 물질이 들어 있는 쓰레기는 시멘트와 섞어서 절대 새지 않도록 한 다음 땅에 묻거나, 아주 뜨거운 온도에서 태운 다음에 묻어야 해.

마구 버려지는 산업 쓰레기

그런데 이렇게 처리를 하려면 돈이 많이 들기 때문에 산업 쓰레기를 제대로 처리하지 않는 공장들이 많단다. 이들은 산업 쓰레기를 깜깜한 밤중에 밭이나 야산에 몰래 버리거나, 비오는 날에 하천으로 흘려 보내기도 하지. 이렇게 몰래 버린 산업 쓰레기 때문에 땅과 하천과 지하수가 오염되고, 그 피해는 우리에게 돌아온단다.

1989년 경기도 화성에서는 몰래 버린 산업 쓰레기 때문에 마을 사람들이 집단으로 피부병에 걸린 일이 있었어. 어떤 할아버지는 너무 가려워서 잠을 제대로 잘 수 없었고, 숨쉬기가 힘들어서 걷기조차 어려울 정도였대.

또, 충청 남도의 어느 마을에서는 사람들이 바다에만 들어갔다 나오면 피부병을 앓아서 단체로 치료를 받기도 했어. 가축들도 이상해져서 다리가 세 개인 강아지가 태어나는가 하면, 한쪽 눈이 먼 송아지도 태어났어. 그리고 젖소들은 집단으로 피부병에 걸리고, 뱃속에 있던 새끼를 잃기도 했지.

결국, 돈을 조금 더 아끼려고 자연을 해치면 그 대가는 반드시 우리한테 돌아오게 된단다.

더 이상 버릴 곳이 없다

　환경 운동 연합은 우리 환경을 지키기 위해서 많은 사람들이 힘을 모아 일하는 곳이야. 날마다 나와서 일하는 사람도 있고, 회비를 내서 후원을 하는 사람도 있어. 그리고 짬짬이 틈을 내서 자원 봉사를 하는 사람들노 많단다. 대학교에서 디자인을 가르치는 윤호섭 선생님도 깨끗한 환경을 위해서 자원 봉사를 하시는 분이야.

　윤 선생님은 환경 운동 연합에서 행사를 할 때마다 포스터를 만들어 주시지. 나는 윤 선생님이 새만금 지역의 갯벌을 살리기 위해 만든 '바다를 살리자'라는 포스터를 보고 선생님을 뵙고 싶었어. 바닷게 위에 사람이, 사람 위에는 새 한 마리가 그려진 그림이 너무 멋있었거든.

윤호섭 선생님 작품

그래서 윤 선생님께 전화를 걸어서 늘 도와 주셔서 고맙다는 인사를 드리고, 식사를 함께 하자고 했지. 그랬더니 선생님 말씀이 전화만으로도 고맙다면서, 그럴 시간에 우리 환경을 위해서 더 열심히 뛰어 달라는 거야. 그래도 나는 그 분을 꼭 뵙고 싶어서 어렵게 약속 시간을 정했단다. 새벽 6시 30분에 만나서 죽 한 그릇씩을 시켜 놓고 인사를 나누면서 명함을 건넸어. 나는 재생 종이로 만든 명함을, 선생님은 사탕수수 껍질로 만든 명함을 건넸지. 나는 어떻게 사탕수수로 명함 만들 생각을 했을까, 하고 감탄했단다.

식사를 하면서 이런저런 환경 문제를 이야기하다가, 윤 선생님이 학교에서 했던 활동에 대해 듣게 되었어. 선생님은 학생들에게 사람과 똑같은 크기의 플라스틱 인형을 하나씩 만들어 오게 한 다음, 학교 곳곳에 세워 두고 시계나 카메라에 들어가는 수은 전지를 다 쓴 다음에는 그 곳에 넣으라고 하셨대. 그런데 얼마 되지 않아서 건전지가 인형의 가슴까지 채워졌다는구나. 윤 선생님은 그 인형을 보면서 우리가 사는 지구가 저런 상태가 아닐까 하는 생각이 들었대. 우리의 지구는 이미 가슴까지 쓰레기로 가득 차서 숨도 제대로 쉬지 못하고 있잖니.

우리 나라도 쓰레기가 넘쳐 나서 더 이상 묻을 곳이 없는 지경이란다. 그래서 쓰레기 매립장을 만들려는 정부와 그 곳에 사는 주민들 사이에 다툼이 일어났다는 기사가 신문에 자주 실리잖니. 또, 원래 매립장이 있는 마을에서도 주민들이 쓰레기의 종류와 상태를 검사해서 묻으면 안 되는 쓰레기들을 막고 있단다. 그러니 쓰레기들은 점점 갈 곳이 없어지는 셈이지.

얼핏 생각하면 쓰레기 매립장 주변 사람들이 너무한다 싶겠지만, 그 사람들은 여러 가지 고통을 겪으며 살고 있단다. 쓰레기 썩는 냄새가 너무 지독해서 더운 여름에도 창문을 열어 놓을 수가 없지. 겨울에도 쓰레기가 썩으면서 나는 열 때문에 파리와 모기가 극성을 부린단다. 그래서 한겨울에도 살충제가 불티나게 팔리지.

매립장의 쓰레기 악취는 산업 쓰레기가 제대로 처리되지 않

은 채 들어오는 데다가, 음식물 쓰레기까지 섞여 있어서 더 지독하지. 매립장 주변 주민들은 이런 불법 쓰레기를 막느라고 다른 일을 제대로 못할 지경이란다.

　잘 썩는 안전한 쓰레기만을 위생적으로 처리해서 묻는다면, 집 옆에 쓰레기 매립장이 생긴다고 무작정 반대하지는 않겠지. 그러니 쓰레기 매립장을 만들려면 정부에서도 노력을 많이 하고 기술을 개발해야 해. 그리고 우리도 쓰레기를 버릴 때 재활용할 수 있는 것과 재활용이 안 되는 것을 잘 분리해서 버려야 하겠지.

쓰레기 소각장

쓰레기는 태우는 것이 더 간편하고 깨끗하다고 생각하는 어린이들도 있을 거야. 그런데 소각장을 지으려면 돈이 아주 많이 들고, 플라스틱이나 스티로폼 같은 화학 물질을 태우면 다이옥신이 나온단다. 환경 호르몬 중에서도 독성이 아주 강한 다이옥신은 공기를 오염시키고 생물의 몸 속에도 쌓이지. 소각장에서 다이옥신이 나오지 않게 하려면 자연에서 나온 쓰레기만 태워야 해.

그리고 소각장을 크게 지어서는 안 돼. 아파트 단지만큼 커다란 소각장들은 태울 쓰레기가 모자라서 음식 찌꺼기까지 가져다 태우고 있는 형편이거든. 소각장의 쓰레기는 음식 쓰레기가 40퍼센트 정도를 차지하고, 재활용이 가능한 종이류가 30퍼센트 정도라는구나. 아예 타지 않는 유리나 연탄재 등을 빼면 정작 태워야 할 쓰레기는 20퍼센트밖에 안 되니 큰 쓰레기 소각장은 필요 없지.

광주 상무 소각장

쓰레기를 반으로, 재활용은 두 배로

이번에는 독일에서 만난 어느 환경 운동가 아저씨의 이야기를 들려 줄게.

독일이 통일된 해인 1990년 이전 이야기야. 그 때까지만 해도 독일은 우리 나라처럼 서독과 동독으로 나누어져 있었어. 분단되기 전 독일의 수도였던 베를린도 동독과 서독의 땅으로 나누어졌지. 그런데 베를린은 동독 땅에 있었기 때문에, 서베를린은 동독 땅에 홀로 떠 있는 섬과 같은 처지였어.

언젠가 동독이 서베를린에서

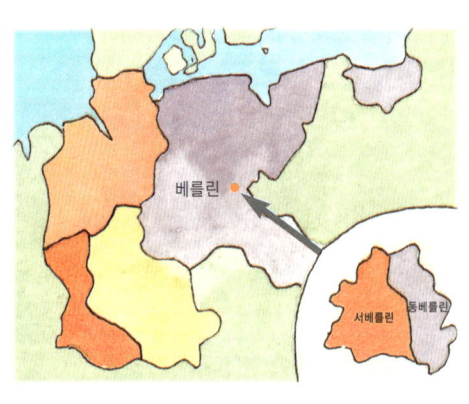

나오는 쓰레기를 받지 않고, 서독으로 가는 길까지 모두 막아 버렸어. 서독에서는 할 수 없이 서베를린에서 나오는 쓰레기를 비행기로 실어 와야 했지. 비행기로 쓰레기를 옮기느라 돈이 아주 많이 들어서, 서독에서는 온갖 방법을 써서 쓰레기를 줄이려고 했어.

그 당시, 서베를린에 살고 있던 환경 운동가 아저씨는 쓰레기를 하나도 버리지 않았다는구나. 그런데도 정부에서 쓰레기 세금을 내라고 하니까 아저씨는 소송을 걸고, 항의 표시로 문 앞에 쓰레기통을 거꾸로 매달아 놓았지. 결국 정부에서는 쓰레기를 버리지 않았다는 것을 인정하고 세금도 받지 않았어.

나는 그 아저씨에게 쓰레기를 만들지 않는 비결이 뭐냐고 물었어. 그랬더니 물건을 살 때부터 쓰레기가 되지 않을 것을 산다는 거야. 그 아저씨처럼 쓰레기를 하나도 버리지 않을 수는 없겠지만, 조금만 신경 쓰면 우리도 쓰레기를 줄일 수는 있을 거야.

먼저, 물건을 사러 갈 때는 꼭 장바구니를 가져가야 한단다. 그 다음에는 어떤 물건을 골라야 할지 잘 따져 봐야겠지. 우선 재활용이 되는 것인지 안 되는 것인지를 살펴야

재활용 가능 표시

환경 마크

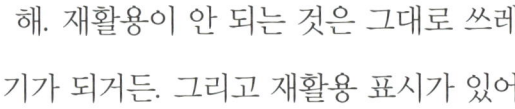

해. 재활용이 안 되는 것은 그대로 쓰레기가 되거든. 그리고 재활용 표시가 있어도 되도록 일회용품은 사지 않는 것이 좋아.

분리 수거를 해도 실제로는 재활용이 안 되는 경우가 있기 때문이야. 페트병이 그렇지.

유리병은 페트병보다 무겁지만 씻어서 다시 쓸 수 있고, 깨진 것도 녹여서 다시 사용할 수 있단다. 그러니 주스도 페트병보다 유리병에 담긴 것이 좋지. 독일에서는 생수통도 유리병을 쓴단다. 요즘에는 서로 다른 모양의 음료수 병을 같은 모양으로 통일하자는 운동을 하고 있어. 회사마다 병 모양이 다르면 원래 회사로 되돌아가야만 하니까 거두어들이는 데 돈이 많이 들거든. 유리병의 모양이 같으면 회사가 다르더라도 한꺼번에 거두어서 각자 자기 상표를 붙이면 다시 쓸 수 있으니까 그만큼 돈을 아낄 수 있지.

그리고 유리병이라도 큰 것을 사는 게 좋아. 열 명이 주스를 마신다고 할 때, 작은 병 열 개를 사서 각각 마시는 것보다 큰 병을 사서 컵에 따라 마시면 유리병을 덜 만들어도 되잖아. 그러면 자원도 그만큼 아낄 수 있겠지.

또 뭐가 있을까? 리필 제품을 사는 것도 좋겠다. 그릇은 계속 사용하면서, 내용물만 새로 사면 되니까.

포장을 겹겹이 하는 것도 고쳐야 할 습관이야. 꽃을 포장할 때도 겹겹이 싸는 경우가 많은데, 그렇게 하면 꽃을 받는 사람이 부담스러울 거야. 포장지는 결국 버려야 하는 쓰레기니까.

이렇게 따져 보고 물건을 산 다음에는 아껴 쓰는 것이 중요해. 그리고 작아서 입지 못하는 옷이나 필요 없는 장난감들은 이웃과 나눠 쓰는 것도 좋겠지.

 **우리들은 환경 박사**

쓰레기를 잘 버려서 자원으로 활용하자

2000년 한 해 동안 우리 나라는 철과 종이를 만들기 위해 다른 나라에서 고철과 폐지 따위의 폐자원을 1조 7,000억 원어치나 사들였다. 우리가 폐지, 플라스틱, 유리병, 캔의 재활용율을 1퍼센트만 높여도 해마다 639억 원을 절약할 수 있다.

신문지 반듯하게 펴서 30센티미터 높이로 차곡차곡 쌓은 다음에 끈으로 묶어서 내놓자. 물기에 젖지 않도록 하며, 비닐로 코팅된 광고지나 비닐이 섞이지 않게 조심하자.

철 캔, 알루미늄 캔 캔에 들어 있는 내용물을 깨끗이 비우고, 물로 헹군 다음에 납작하게 해서 내놓자.

페트병 먼저 재활용 가능 표시를 확인한 다음, 병 속을 깨끗이 비우자. 다른 재질로 된 뚜껑(또는 은박지)이나 붙어 있는 상표를 떼낸 다음, 납작하게 눌러서 내놓자.

건전지 손목시계나 계산기 따위에 사용하는 건전지(산화은전지나 납축전지)에는 수은이 들어 있어서 그냥 버리면 안 된다. 시계 수리점이나 그 물건을 샀던 곳에 가져다 준다.

갖고 싶은 게 많을수록
쓰레기도 늘어난다

나는 예술가들을 만날 때마다 환경 문제에 관심을 가져 달라고 부탁한단다. 예술을 통해서 사람들에게 지구가 아파하는 모습과 날로 심해지는 환경 오염 문제를 알리고 싶어서지.

그러던 어느 날, 소설가 이외수 선생님을 만나서 쓰레기 문제에 대해서 이야기하게 되었어. 그 분은 쓰레기를 줄이려고 목욕도 하지 않으신다는 거야. 어떻게 목욕을 하지 않고 살 수 있냐고 물으니까, 원시인들이 언제 몸을 씻고 살았냐고 대꾸하시더구나. 그러면서 '쓰레기는 사람이 남긴 욕망의 흔적이다.'라는 말씀을 덧붙였어. 다시 말하면, 쓰레기 문제가 생긴 것은 사람들이 너무 자기 욕심만 부리고 살기 때문이라는 거지.

원시 시대 사람들은 지금처럼 많은 것을 갖추고 살지 않았어.

그냥 마음 내키는 대로 다니면서 열매를 따 먹고, 사냥을 하면서 살았지. 그러나 시간이 지나면서 자기 것을 모아 놓지 않으면 살 수 없는 사회가 되었고, 그만큼 필요한 물건도 늘어났어.

예를 들면 지금부터 몇십 년 전만 해도 세탁기나 청소기는 아주 귀한 물건이었어. 하지만 지금은 세탁기나 청소기뿐만 아니라, 더욱 값비싼 가전 제품을 갖고 싶어 하잖니. 그래서 더 사용할 수 있는 멀쩡한 물건들이 버려지고 있단다.

이제는 정말 꼭 필요한 물건을 알맞게 사서 절약하면서 살아야 해. 나는 한 번 쓰고 버려야 하거나, 꼭 필요하지 않은 물건은 되도록 사지 않으려고 노력한단다. 그래서 글을 쓸 때는 만년필과 샤프 연필만 사용하기로 했어. 만년필은 잉크만 새로 넣으면 되고, 샤프 연필도 심만 넣으면 얼마든지 쓸 수 있잖아. 언젠가 방송에서 만년필과 샤프 연필만 사용하게 된 까닭을 이야기한 적이 있어. 어느 날, 음식점에서 만난 어떤 사람이 자기 주머니에서 만년필을 꺼내 보이더구나. 그 사람은 내 방송을 듣고 난 뒤부터 만년필을 쓰기 시작했다는 거야. 그리고 아내와 딸에게도 만년필과 샤프 연필을 선물했대.

　필기구를 바꾸는 일은 아주 작은 일이지만, 환경을 생각하는 마음가짐과 실천은 더 큰일을 할 수 있는 밑거름이 된단다.

40만 지렁이가 참여한
2000년 시드니 환경 올림픽

1 여기는 푸른 바다와 울창한 숲이 있는 호주의 시드니 시. 하지만 시드니 시 곳곳이 그림처럼 아름답지는 않지요. 사람들이 사는 곳은 어디나 쓰레기가 있게 마련이니까요. 시드니 시에서 14킬로미터 떨어진 곳에 있는 홈부시 만.
영국 사람들이 시드니에 정착한 뒤 경마장, 양 방목장, 소 도축장, 해군 무기고로 쓰이다가 결국은 쓰레기 매립장이 되었지요.

2 시드니 시가 가장 오염된 지역인 홈부시 만에서 '환경 올림픽'을 열기로 했을 때, 시드니의 400만 시민들이 가장 먼저 한 일은 50년 동안 버린 쓰레기를 치우는 일이었어요. 독성이 강한 쓰레기는 위생 매립장으로 옮겼어요. 나머지 쓰레기들 가운데 독이 있는 쓰레기는 화학적으로 처리해서 독을 없애고, 오염된 물이 빠져 나오지 않게 잘 처리해서 다시 흙으로 덮었어요. 냄새를 없애기 위해 150가지의 특수 식물을 심고, 이 식물들이 잘 자라도록 흙을 옮겨 와서 공원을 만들었어요.

마침내 홈부시 만의 하천은 다시 1급수가 되었고, 조금이라도 오염된 곳에서는 살지 못하는 금개구리가 보이기 시작했어요.

3 올림픽 경기장의 3분의 1은 있던 건물을 이용하고, 새로 짓는 건물에는 재활용할 수 있는 자재들을 사용하기로 했어요. 하수관은 플라스틱 대신 점토를 구운 파이프를 썼지요. 올림픽 선수촌은 세계에서 가장 큰 태양 에너지 마을이 되었어요. 태양 전지에서 발전하는 전기로 650가구에 냉난방과 전원을 공급하고, 조명은 태양 에너지를 이용했어요.

그리고 경기장 전체에 냉방 장치를 하지 않고, 관람객 주변에만 냉기를 보내는 부분 냉방 에어컨을 사용했지요.

4 쓰레기는 어떻게 줄였을까요? 접시는 사탕수수 가루로 만들었고, 포크와 나이프는 옥수수 가루로 만들었답니다. 그래도 나오는 쓰레기는 분리할 수 있도록 했죠. 플라스틱, 알루미늄, 유리병은 재활용 통에 넣었어요. 음식 찌꺼기와 종이는 퇴비로 만드는데, 40만 마리의 지렁이들이 이 일을 맡았답니다. 그리고 식당 곳곳에서는 자원 봉사자들이 분리 수거를 제대로 하는지 지켜 보았지요.

5 올림픽 관람객들은 자동차를 타고 올림픽 공원에 들어갈 수 없었답니다. 시내에도 주차장을 아예 없애 버렸어요. 그 대신 전철과 천연가스 버스를 무료로 타게 했지요.

올림픽 후원 기업들도 오존층을 파괴하는 프레온 가스가 들어 있는 냉장고를 무공해 냉매(열을 빼앗는 구실을 하는 물체) 가스를 사용하는 냉장고로 바꾸었어요.

아무 데서나 담배를 피울 수도 없었어요. 만약 손님이 가게 안에서 담배를 피우면 손님은 35만원, 지배인은 71만원, 주인은 357만원의 벌금을 내야 했습니다. 길거리에 꽁초를 버려도 벌금을 냈지요.

6 환경 올림픽은 우리가 더럽힌 자연을 회복시킬 수 있다는 것을 알렸고, 다시는 더럽히지 않겠다는 의지를 보여 주었어요. 호주 올림픽 위원회의 케이트 박사는 환경에 대한 호주의 의지를 2002년 월드컵에서 이어받기 바란다면서, 우리 나라 월드컵 조직 위원장에게 '환경 바톤'을 건넸답니다.

더 알아봅시다!

이참 선생님을 찾아서

1 선생님은 독일에서 태어나고 자라셨다고 들었는데, 독일 사람들은 환경을 어떻게 생각하나요?

많은 독일 사람들은 주변 환경도 자기 집처럼 생각합니다. 그래서 골목이나 도로에 쓰레기가 있으면 그냥 지나치지 않고 치웁니다. 또한 이웃 사람이 환경을 오염시키는 일을 하면 고치라고 요구하기도 하지요.

내 동생의 친구가 여행을 떠나려고 쓰레기를 미리 문 밖에 내놓았다가 이웃 사람에게 항의 쪽지를 받은 적이 있어요. 그 쪽지에는 이렇게 써 있었다고 해요. "오늘은 쓰레기 버리는 날이 아닙니다. 환경을 생각하신다면 쓰레기를 치워 주세요." 그래서 그 친구는 내 동생에게 제 날짜에 쓰레기를 버려 달라고 부탁한 다음에 휴가를 떠났답니다.

2 독일 사람들은 환경을 깨끗이 하기 위해서 어떤 노력을 하나요?

장을 보러 갈 때 꼭 장바구니를 가져갑니다. 그리고 되도록 비닐 봉

투는 받지도 않고 쓰지도 않지요. 백화점에서도 재활용할 수 있는 종이로 만든 봉투나 가방을 사용합니다. 상품을 고를 때도 분해가 되거나 재활용이 되는 재료로 포장했는지 꼼꼼하게 확인하지요.

독일에 계신 우리 어머니는 유리병을 모아 두었다가 양념통이나 물컵으로 사용하십니다. 그리고 가끔씩 그 유리병에 잼이나 젤리를 담아서 내게 주시기도 한답니다.

1주일이나 한 달에 한 번씩 동네마다 열리는 벼룩시장도 쓰레기를 줄이는 데 한 몫 톡톡히 하지요. 누구든지 자기가 사용하던 물건을 벼룩시장에 가지고 나와서 팔 수 있기 때문에 저절로 재활용이 되거든요.

3 독일 어린이들은 어떻게 환경 공부를 하나요?

독일 어린이들은 자연 학습을 자주 갑니다. 선생님과 함께 학교 근처에 있는 산에 올라 가서 어떤 동식물이 살고 있는지 알아보고, 쓰레기나 폐수(공장이나 가정에서 사용하고 내버린 오염된 물)로 오염된 곳이 없나 살핍니다. 환경 문제를 어떻게 해결할 것인가를 토론하고, 생활 속에서 실천할 수 있는 일들을 찾아내지요.

　또, 독일 학교에서는 어린이들에게 집에서 나온 음식물 찌꺼기를 가져오라고 해서 퇴비로 만든 다음 다시 나누어 줍니다. 이런 과정을 통해 어린이들은 쓸모 없어 보이는 음식물 찌꺼기가 식물이 잘 자라게 하는 퇴비로 변하는 과정을 직접 관찰하면서 체험할 수 있지요.

이참 선생님은 독일이 고향이며, 1986년에 우리 나라 국민이 되었습니다. 회사를 만들거나 운영하는 데 필요한 정보를 주거나 상담해 주는 컨설턴트로 일하면서, 방송 활동을 했습니다. 지금은 알앤씨바이오 대표이사로 일하면서, 환경 운동 연합에도 도움을 주고 계신답니다.

셋째 마당

물 이야기

사람의 몸은 70퍼센트가 물로 되어 있습니다. 어릴 때는 좀더 많아서 75퍼센트가 물이고, 나이가 들면 65퍼센트까지 줄어든답니다. 나이가 들면 주름살이 생기고 피부가 거칠어지는 것도 몸에서 물이 빠져나가기 때문이라는군요.

사람은 몸 속의 물이 5퍼센트만 빠져나가도 기절하고, 10퍼센트 이상이 빠지면 목숨을 잃을 수도 있다고 합니다. 그 정도로 물은 사람에게 꼭 필요합니다.

지구도 사람의 몸처럼 70퍼센트 이상이 물로 되어 있답니다. 신기한 것은 지구의 물이 지구가 처음 생겨났을 때보다 늘거나 줄지 않고, 늘 똑같은 양을 유지하고 있다는 사실입니다. 그게 어떻게 가능하냐고요?

지구에 있는 물은 크게 공기 중에 있는 물과 하천·호수·바닷물 등의 지표수, 그리고 지하수로 이루어져 있는데, 이것이 서로 순환하면서 계속 같은 양을 유지합니다.

만약 물의 순환이 멈춘다면 어떻게 될까요? 지구에 사는 모든 생명들이 사라지게 되겠지요. 식물은 말라 죽고, 지하수와 시냇물도 마르고, 모든 생태계의 순환이 멈춰 버리겠지요. 그리고 마침내 지구는 아무도 살 수 없는 '죽음의 별'이 되고 말겠지요.

수돗물을 믿지 못하는 세상

　서양 화가인 오승우 선생님은 전국 방방곡곡을 돌며 우리 나라 산천의 아름다움을 그리시지. 오 선생님은 그림도 잘 그리시지만, 무엇보다도 자연을 생각하는 생활이 몸에 밴 분이야. 선생님은 쓰레기를 그냥 버리는 일이 없단다. 태울 수 있는 것은 부엌 아궁이에서 모두 태우고, 음식 찌꺼기는 꽃밭에 비료로 주신대. 그리고 합성 세제도 전혀 사용하시지 않지. 샴푸는 물론이고 요즘에는 비누도 쓰지 않으신다는구나.

　선생님은 10여 년 전에 독일의 한 화장품 회사 사장이 자기네 나라 화장수보다도 우리 나라 물이 훨씬 더 좋다면서 부러워하는 모습을 본 뒤로 환경을 아끼게 되셨대. 예전부터 우리의 물이 좋다는 것은 알고 있었지만, 다른 나라 사람에게까지 찬사를 듣고 보니 새삼스레 우리 산천이 귀하게 여겨진 거지. 그래서 이런 귀한 산천을 더럽혀서는 안 되겠다고 다짐하셨고, 그 다짐을 지금까지 실천하고 계신 거야.

40여 년 전만 해도 한강은 다리 위에서 물고기들이 보일 정도로 맑았단다. 그 때는 개울물을 그냥 마시는 사람도 많았고, 그 물로 간장과 술을 담그면 맛이 일품이었어. 그렇게 맑았던 한강이 지금은 30센티미터도 들여다보기 힘들 정도로 흐려졌고, 맑은 물이 졸졸 흐르던 개울은 시궁창이 되어 버렸지.

이제는 수돗물도 믿지 못해서 물을 사 먹는 세상이 되었잖니. 언젠가 방송국에서 공개 방송을 보려고 기다리는 학생들을 본 적이 있어. 줄을 길게 늘어선 학생들 손에는 하나같이 생수병이 들려져 있더구나.

수돗물을 더욱 믿지 못하게 된 것은 1991년에 대구에서 페놀 사건(두산전자에서 페놀이 새어 나와 대구시의 상수원을 오염시킨 사건)이 일어난 다음부터야. 그 뒤로도 여기저기서 크고 작은 오염 사고가 났다는 말이 들리면서 사람들은 점점 더 수돗물을 믿지 못하게 되었어.

그러다 몇 년 전에는 서울 대학교의 한 교수가 수돗물에서 바이러스가 나왔다는 발표까지 했지. 그 때 정부에서는 수돗물에 바이러스가 전혀 없다고 주장했어. 하지만 2001년 5월, 환

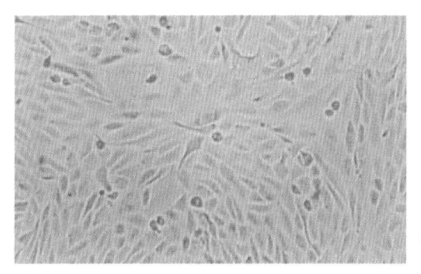 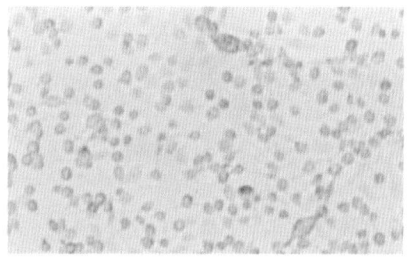

수돗물 바이러스

경부가 몇몇 지역의 수돗물에서 급성 장염, 간염, 결막염(눈병의 한 가지로, 결막이 빨갛게 붓고 눈곱이 낀다.)을 일으키는 바이러스가 나왔다는 사실을 인정하면서 온 나라가 술렁거렸어.

선진국에서는 바이러스보다 감염력이 떨어지는 미생물이 발견되기만 해도, 몸에 닿는 물은 끓여서 사용하라고 알려 준단다. 그런데 우리 나라는 수돗물이 바이러스에 오염되었는데도 환경부 장관이 안전하다는 말만 되풀이할 뿐, 수돗물을 어떻게 사용해야 하는지에 대해서는 제대로 알려 주지 않았어.

이제는 정부에서도 안전하다는 말만 되풀이할 게 아니라, 수돗물을 안전하게 관리할 수 있는 구체적인 방법을 마련해야 해. 그러기 위해서는 물 관리를 한 곳에서 전문적으로 해야겠지. 지금 우리 나라는 물 관리를 여러 곳에서 하고 있어. 농사짓는 물은 농림부, 물의 양을 확보하고 공급하는 일은 건설 교통부, 공장에서 나오는 폐수 관리는 환경부와 지방 자치 단체에서 하고 있어. 이렇게 여러 곳에서 물을 관리하다 보니 사고가 났을 때 빨리 처리하기도 힘들고, 서로 책임을 떠넘기기에 바쁘지.

그리고 우리가 쓰는 물의 원천인 상수원(우리에게 먹는 물을 제공하는 강, 호수, 지하수 등을 일컫는 말) 지역을 좀더 철저하게 보호해야 해. 주변 지역에 공장이나 골프장, 스키장, 식당 등이 들어서면 상수원을 오염시킬 가능성이 많아. 일단 상수원이 오염되면, 정수장에서 아무리 돈과 시간을 많이 들여도 물을 깨끗하게 하기는 힘들단다.

그 다음으로 필요한 것은 낡은 시설을 하루빨리 최신식 시설로 바꾸는 일이야. 정수장은 물을 깨끗하게 걸러 내서 집집마다 보내 주는 곳인데, 시설이 낡아서 그 역할을 제대로 할 수 없다면 깨끗한 수돗물이 나오지 않겠지.

그리고 수돗물을 집집마다 전달해 주는 상수도관도 철저하

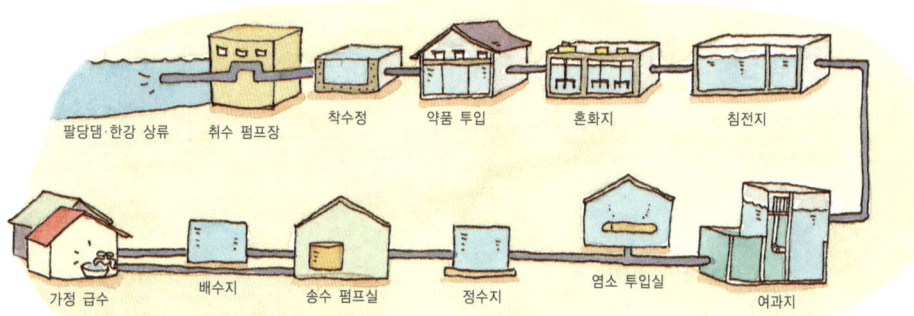

수돗물이 우리 집까지 오는 과정

정수장은 최신식 시설을 갖춰야 한다.

게 관리해야 해. 아무리 정수를 잘 해도, 상수도관이 녹슬거나 구멍 났다면 아무 소용이 없잖니.

또한 '수돗물 핫라인 제도'를 만들어서, 수돗물에서 이상한 물질이 한 가지라도 발견되면 곧바로 신문이나 방송을 통해서 국민에게 알려야 해. 오염된 물을 먹고 난 다음에 물이 오염되었다고 떠들어 봤자 소용이 없잖니. 그러므로 많은 사람들이 더 이상 피해를 입지 않도록 미리 조치를 하는 것이 중요하단다.

화장실의 파란 물, 하천의 검은 물

우리 나라에는 5개의 큰 강을 비롯해서 자그만치 3,900여 개의 하천이 있단다. 그런데 이 하천들이 끊임없이 쏟아져 나오는 생활 하수, 농약, 화학 비료, 공장 폐수 때문에 시름시름 앓고 있어. 강은 원래 스스로 오염 물질을 없애서 깨끗하게 하는 능력(자정 능력)이 있어. 그런데 오염 물질이 한꺼번에 너무 많이 들어오면 자정 능력을 잃어버리게 되지. 밥 한 그릇 정도는 맛있게 먹을 수 있어도, 한꺼번에 열 그릇을 먹으면 탈이 나는 것처럼 말이야.

이렇게 하천을 오염시킨 주범으로 생활 하수를 빼놓을 수 없어. 요즘 화장실 변기에 세정제를 넣는 집이 많은데, 너희들은 화장실 변기를 타고 내려가는 파란 물을 보면 어떤 느낌이 드니? 아저씨는 그 물을 볼 때마다 검게 썩어 가는 하천이 생각난 단다.

　우리는 생활에서 많은 합성 세제를 쓰고 있어. 변기 세정제 말고도 설거지할 때, 빨래할 때, 머리 감을 때, 양치질할 때도 합성 세제를 쓰고 있지. 비누를 뺀 모든 세제가 합성 세제란다. 그런데 이 합성 세제에는 식물성 플랑크톤의 양분이 되는 물질이 많이 들어 있어. 그래서 합성 세제가 강에 흘러 들어가면 식물성 플랑크톤이 많이 생기는 '부영양화 현상'이 일어난단다. 이렇게 식물성 플랑크톤이 너무 많이 생기면 산소가 모자라게 되어 물 속 생물들이 죽게 돼. 그리고 물 속 생물들이 썩으면서 내뿜는 메탄가스 때문에 물고기까지 죽는 경우가 많이 있어.

　또한 합성 세제에서 일어나는 거품도 물고기와 물 속에 사는 식물들의 목숨을 위협한단다. 물 위에 거품이 떠 있으면 물 속으로 산소가 녹아들지 못하고 햇빛도 들어오지 않아. 당연히 물고기들은 숨쉬기가 어려워지고, 물 속에 사는 식물들은 광합성(식물이 빛을 이용해 이산화탄소와 물로 영양분

하수 종말 처리장

을 만드는 일)을 할 수가 없어. 그래서 하수 종말 처리장에서는 이런 거품들을 모두 걷어 내려고 하지만 쉬운 일이 아니라는구나. 특히 우리 나라 농촌에는 하수도관 시설이 제대로 되어 있지 않기 때문에 생활 하수가 하천으로 그대로 흘러 들어가고 있어.

문제는 여기에서 끝나는 게 아니야. 합성 세제가 말끔하게 없어지는 데는 아주 오랜 시간이 걸린단다. 그래서 강물에 남아 있는 합성 세제 성분이 정수장까지 가는 경우가 많아. 그런데 정수장에서 합성 세제 성분을 없애려면 돈이 많이 들 뿐만 아니라 물맛도 나빠진단다.

우리 나라는 강의 길이가 짧아서, 지금처럼 합성 세제가 많이 나오면 강이 다 소화해 낼 수가 없어. 분해가 덜 된 합성 세제 성분은 결국 바다까지 흘러 들어가서 바다마저 오염시키지. 적조(플랑크톤이 갑자기 늘어서 바닷물이 붉게 보이는 현상. 적조가

오염된 물이 회복되는 데 필요한 깨끗한 물의 양

일어나면 바닷물 속에 산소가 부족해져서 물고기들이 죽는다.)를 일으키기도 하고 말이야. 진해, 마산, 인천의 앞바다처럼 도시에 가까운 바다에서 나오는 조개나 바다 식물들은 합성 세제의 독성 물질이 그대로 남아 있어서 먹을 수가 없단다.

이렇게 썩어 가는 하천과 바다를 생각한다면 합성 세제는 사용하지 않는 것이 좋겠지. 그래도 꼭 사용해야 할 일이 있다면, 꼭 필요한 만큼만 사용해야 해. 그리고 환경 마크(환경을 오염시키지 않거나, 덜 오염시키는 상품에 붙이는 표시)가 붙어 있는 제품을 사용하는 것이 좋단다. 환경 마크가 붙어 있다는 것은 그만큼 독성이 적고, 분해가 비교적 빨리 된다는 뜻이거든.

우리들은 환경 박사

합성 세제를 사용하지 말자

- 머리를 감을 때는 샴푸 대신에 비누를 쓰고, 린스 대신에 동백기름이나 식초를 한두 방울 물에 넣어서 헹구자.
- 빨래를 헹굴 때 섬유 유연제(섬유를 부드럽게 만드는 합성 세제)를 사용하지 말고 식초를 사용하자.
- 음식물 찌꺼기, 머리카락, 화장지 때문에 하수구가 막혔다면 강력 세제를 쓰지 말고 베이킹파우더를 이용해 보자. 뜨거운 물과 베이킹파우더 반 컵을 하수구에 붓고, 그래도 뚫리지 않으면 베이킹파우더에 식초 반 컵을 섞어서 뜨거운 물과 함께 부어 보자.
- 변기 청정제 대신에 더운 물에 찻숟가락 하나 정도의 붕산을 녹여서 사용해 보자.
- 설거지를 할 때 쌀뜨물을 써 보자. 쌀뜨물은 훌륭한 '천연 세제'로 기름기까지 쉽게 없앨 수 있다. 하지만 쌀뜨물도 그냥 버리면 물을 오염시키므로, 설거지를 하고 난 다음에는 화분에 주는 것이 좋다. 또한 채소 데친 물도 훌륭한 세제가 된다.

자연을 망가뜨리는 골프장

우리 나라 하천은 생활 하수뿐만 아니라 가축의 똥오줌, 화학 비료, 농약으로 오염되고 있단다. 특히 골프장에서 뿌리는 농약은 하천을 더욱 오염시키지.

골프장은 산을 깎아서 만든단다. 산 하나가 만들어지는 데 얼마나 오랜 시간이 걸리는지 아니? 산에 1미터 두께의 흙이 쌓이는 데 1,000년이 넘게 걸리고, 1.5미터가 쌓이는 데에는 1만 년이 넘게 걸린단다. 또, 그 곳에 낙엽이 썩어서 식물이 자랄 수 있는 땅이 되기까지는 150년이 더 걸리지.

골프장을 만들려면 이렇게 오랜 시간에 걸쳐 만들어진 산을 불도저로 마구 밀어 내야 해. 수입 잔디를 깔려고 멀쩡한 흙을 50~70센티미터나 파서 내버리고, 그 자리에 모래와 바위를 뻥은 인공 흙을 덮는단다. 그래야 벌레가 살지 못하기 때문이라는 구나. 잔디를 보호하겠다고 다른 생명들이 살 수 없는 땅을 만드는 거지. 그러고도 벌레가 생길까 봐 여러 종류의 농약을 자주 뿌려 댄단다. 이 농약은 빗물과 섞여 하천을 오염시키고, 지하수까지 오염시키지.

그런데 골프장은 비가 오지 않을 때도 골칫거리가 된단다. 2001년에는 유달리 초여름 가뭄이 심해서 농민들이 애를 태웠는데, 골프장 주변 농민들은 더 속이 탔다는구나. 물을 마구 퍼 쓰는 골프장 때문이었지.

경기도 이천시 모가면은 몇 년 전만 해도 지하수가 풍부한 마을이었어. 땅을 조금만 파도 물이 고일 정도였지. 그런데 골프장이 들어서면서 주변의 지하수가 메말라 버렸어. 2001년에는 유난히 가뭄까지 심해서, 아무리 깊게 파도 물이 나오지 않아 논밭이 타 들어갔단다. 농민들은 잔디에 뿌리는 물을 아껴서 농업 용수로 쓸 수 있게 해 달라고 골프장에 부탁했지만, 그 곳 사람들은 들은 척도 하지 않았다는구나.

어떤 마을에서는 저수지 물을 골프장에서 하루에 1,000톤씩이나 끌

골프장은 농업에 치명적인 손해를 끼친다.

어다 써서 농민들의 애를 태웠대. 당장 농사지을 물이 없어 난리인데 골프장 잔디는 파릇파릇하니, 농민들 마음이 어땠겠니.

화학 비료와 가축의 똥오줌

옛날에는 가축의 똥과 오줌이 귀중한 농사 밑천이었단다. 가축의 똥오줌을 묵혀서 거름을 만들어 땅에 뿌리면 농작물이 잘 자랐거든. 그런데 이제는 천덕꾸러기 신세가 되었지. 요즘은 농사지을 때 거름 대신 화학 비료를 쓰는 집이 많잖니. 그러다 보니 가축의 똥오줌으로 거름을 만들 필요가 적어졌어. 게다가 워낙 많은 가축을 키우다 보니 가축들이 내놓는 똥오줌을 모두 거름으로 만들기가 힘들어져서 그냥 버릴 수밖에 없게 된 거지. 그래서 가축의 똥오줌이 제대로 걸러지지도 않은 채 하천으로 흘러 들어가서 물을 오염시키는 거야. 어떤 곳에서는 가축의 똥오줌이 하천을 오염시켜서 물고기들이 떼죽음을 당하는 일도 있었단다.

하천과 바다의 오염이
우리에게 주는 것

사람들은 마실 물이 오염되었다고 하면 많이 걱정하지만, 농사짓는 물이 오염되었다고 하면 별로 신경을 쓰지 않는 것 같더구나. 오염된 물로 지은 농작물을 먹는 것과 오염된 물을 마시는 것은 별로 다를 바가 없는데도 말이야.

일본에서는 오염된 물로 지은 농작물 때문에 심각한 피해를 입은 적이 있어.

1910년쯤부터 일본의 신즈 강 주변에 사는 사람들은 온몸의 뼈마디가 쑤셔서 병원을 찾기 시작했어. 그 곳에 오래 산 사람일수록 증상이 더 심했지. 증상이 나타나고 몇 년이 지난 사람들은 조금만 크게 숨을 쉬어도 너무 아팠대. 척추가 줄어들어 키가 20센티미터나 작아진 사람도 있었고, 심한 경우에는 몸을 조금 움직였을 뿐인데 뼈마디가 72군데나 부러진 사람도 있었단다.

이렇게 많은 사람들이 같은 증상으로 괴로워하는데도 50년이 넘도록 아무도 그 병의 원인을 알 수 없었어. 1968년에야 이 병이 신즈 강 상류에 있는 미쓰이 금속 광업 때문에 생겼다는 것을 알았단다. 이 공장에서 아연을 제련하면서 나온 카드뮴이 신즈 강을 오염시켰는데, 사람들은 그런 줄도 모르고 카드뮴에 오염된 강물로 농사를 지었던 거야. 그 물로 벼, 감자, 옥수수 등을 키워서 먹다 보니 몸에 카드뮴이 쌓이면서 중독된 거지.

일본에서는 카드뮴 중독을 '이타이 이타이병'이라고 하는데, 우리말로는 '아프다 아프다 병'이라는 뜻이야. 얼마나 아팠으면 병 이름까지 '아프다 아프다'라고 했겠니. 이 병으로 120여 명이 죽었고, 1,000여 명의 환자들이 아직까지도 고통 속에서 살고 있단다.

그리고 1950년대 초에는 일본의 미나마타 만 부근에 있던 질소 비료 공장에서 폐수를 바다에 버려서 많은 사람이 수은에 중독된 일도 있었어. 공장 폐수에 섞여 있던 수은이 조개와 물고기 몸 속에 쌓였는데, 사람들은 아무것도 모르고 오염된 조개와 물고기를 먹

미나마타병 환자

었지 뭐니.

그러던 어느 날, 바다 위를 날던 갈매기들이 곤두박질쳤지. 사람들은 '갈매기도 자살을 하나?' 하면서 그냥 웃고 넘겼대. 그런데 다음에는 멀쩡하던 고양이가 갑자기 미친 듯이 날뛰다가 죽었어. 그리고 마지막으로 사람들이 죽기 시작했단다. 40년이 지나는 동안 1,000명이 훨씬 넘게 죽고, 지금도 1만여 명의 환자들이 고통에 시달리고 있단다.

미나마타 지역에서 처음 이 병이 생겼다고 해서 '미나마타병'이라고 불리는 수은 중독은 사람의 손과 발을 마비시키고, 언어 장애와 시각 장애를 일으키는 아주 무서운 병이야. 뿐만 아니라 수은은 태아에게도 영향을 미쳐서 뱃속에서 아기가 죽거나, 기형아가 태어나기도 했어. 이 병은 치료할 수 없기 때문에 기형으로 태어나서 평생을 병원에서 보내는 사람들도 있단다.

이 두 사건에서 알 수 있듯, 하천과 바다가 오염되면 그 피해는 반드시 사람에게 되돌아온단다. 더군다나 이런 오염은 수돗물 오염처럼 바로 눈에 띄는 것이 아니기 때문에 그 피해가 더 클 수밖에 없지.

중금속이 많은 공장 폐수

1991년 3월에 대구에서 있었던 일이야. 갓난 아기가 분유를 먹다가 토하고, 밥과 국에서 고약한 냄새가 나서 도저히 먹을 수가 없었어. 그리고 수돗물에서도 참기 힘들 만큼 심한 악취가 났지.

이것은 경북 구미에 있는 두산전자에서 사용한 페놀이 낙동강으로 흘러 들어갔기 때문에 벌어진 일이었어. 강으로 흘러 들어간 페놀 덩어리는 정수장에서도 걸러지지 않았어. 오히려 정수장에서 물을 소독할 때 쓰는 염산과 섞이면서 더 심한 악취를 풍기게 되었지. 250만 대구시민이 먹는 수돗물에 발암 물질이 섞였으니, 온 나라는 벌집을 쑤셔 놓은 듯했단다.

나는 그 때 여러 사람들과 함께 구미에서 현장 조사를 하고,

대구로 가서 대구시장을 만났어. 대구시청 회의실에서 시장님과 수돗물을 관리하는 책임자들과 이야기를 나누었지. 나는 책임자라는 사람들이 어떻게 수돗물에서 냄새가 나는 것도 몰랐는지 이해할 수가 없더구나. 그래서 시장님께 어떤 물을 마시냐고 물었지. 그랬더니 수돗물을 마신다고 하는 거야. 그런데 그때 마침 생수차가 와서 시청 안으로 생수를 나르는 것이 보이더구나. 그래서 저 생수는 시청에서 먹는 물이 아니냐고 다시 물었지. 그랬더니 시장님은 자기는 전혀 몰랐다고 둘러대는 거야.

이번에는 수돗물 관리자에게 페놀에 오염된 물이 사람에게 해롭지 않느냐고 물었어. 그랬더니 전혀 해롭지 않다는 거야. 그래서 그 물에 분유를 타서 아기에게 먹였더니 토하기까지 했는데, 어떻게 해롭지 않다고 말하느냐고 따졌지. 그제서야 자기는 잘 모르겠다면서 얼버무리더구나. 시민들의 안전을 책임져야 할 사람들이 눈앞의 위기만 피하려고 하는 모습을 보니 정말 답답했어.

당시 환경처는 두산전자에게 공장을 쉬라고 명령했어. 하지만 수출을 못하면 나라 경제에 피해가 크다고 해서, 두산전자는 20일 만에 다시 기계를 돌릴 수 있었지. 그런데 며칠 뒤, 페놀이 또 새어 나왔어. 이 일로 다시 온 나라가 들썩했지.

환경 운동 단체들과 시민들은 두 번씩이나 페놀이 흘러 나오게 한 두산그룹에 항의하기 위해, 그 회사 제품들을 사지 말자는 불매 운동을 벌였어. 이 사건이 있은 뒤, 두산그룹은 다른 어떤 기업보다 앞장서서 환경 보호를 실천하고 있단다. 그리고 다른 기업들도 환경을 생각하는 회사라는 인식을 국민들에게 심기 위해 환경 문제에 많은 신경을 쓰기 시작했지. 그래서 요즘 어떤 기업에서는 폐수를 정화시키는 곳에 물고기를 키울 정도로 공장 폐수를 잘 처리하고 있어.

이제는 아무리 좋은 상품을 만들더라도 그 과정에서 환경을 오염시키면 회사가 살아 남기 힘들게 되었어. 그러므로 하천을 오염시키지 말아야 하는 것은 물론이고, 상품을 다 쓰고 버릴 때도 재활용할 수 있게 만들어야 해. 그렇지 않으면 수출하기가 힘들어지는 시대가 되었거든.

함부로 버려지는 공장 폐수

하지만 폐수를 제대로 처리할 기술도, 돈도 없는 작은 공장들이 문제야. 옷감을 물들이는 염색 공장이나 가죽을 만드는 피혁 공장에서는 오염 물질이 아주 많이 나온단다. 그렇지만 대부분이 작은 공장들이어서 폐수를 제대로 처리하지 못하고 있어. 돈이 없다는 이유로 중금속이 많이 들어 있는 폐수를 몰래 하천으로 흘려 보내지. 그리고 이런 공장들은 땅값이 싸고 규제를 덜하는 농촌으로 옮겨 가서 그 곳의 물까지 오염시키고 있어.

이제는 정부가 나서서 오염 물질을 많이 배출하는 공장들은 따로 모아 놓고 관리해야 해. 그리고 공단을 만들 때는 비슷한 일을 하는 공장들끼리 함께 있게 해야 한단다. 종이 만드는 공장은 종이 만드는 공장끼리, 염색 공장은 염색 공장끼리 모여 있어야 폐수의 종류가 비슷해서 처리하기가 쉽기 때문이지.

우리 나라는 '물 부족 국가'

 지구는 물이 풍부한 별이야. 70퍼센트 이상이 물이거든. 하지만 그 물의 97퍼센트는 바닷물이고, 나머지도 대부분 남극과 북극에 있는 얼음이라서 우리가 쓸 수 있는 물은 그렇게 많지 않단다.
 유엔(UN)의 발표에 따르면, 현재 25개 나라가 물이 부족하

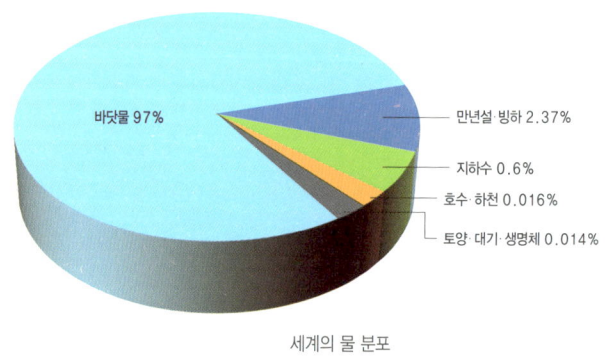

세계의 물 분포

다고 하는구나. 그리고 1997년 발표에 따르면, 2050년에는 전 세계 인구의 약 3분의 2가 물이 부족해 고통받을 거라는구나.

그렇다면 우리 나라는 어떨까. 유엔은 우리 나라를 물이 부족한 나라로 분류했어. 그리고 2025년에는 우리 나라도 쿠웨이트나 사우디아라비아같이 물이 아주 귀한 나라가 될 거라고 경고했단다.

우리 나라는 다른 나라에 비해 비가 많이 오지만, 대부분 여름 한철에 한꺼번에 오기 때문에 겨울과 봄에는 늘 가뭄에 시달린단다. 그리고 땅은 좁은데 사람은 많아서, 한 사람이 쓸 수 있는 물이 아주 적지. 아무리 땅을 깊이 파도 지하수까지 말라 버려서 물을 구할 수 없는 곳도 있어. 하천이 말라서 물고기들이 떼죽음을 당하기도 하고, 또 어떤 곳은 수돗물이 끊기기도

물이 부족해서 갈라진 땅

한단다. 농사지을 물이 부족해지면서 농민들끼리 물싸움이 벌어지기도 하는데, 이웃 논에 고인 물을 몰래 자기 논으로 빼돌려서 경찰에 붙잡힌 사람도 있더구나.

앞으로는 물 부족 같은 환경 재난 때문에 전쟁이 일어날 수도 있대. 어떤 학자는 물이 부족하면 농사짓기가 힘들어져 식량 생산이 줄어들기 때문에 식량 위기가 닥칠 거라고 했어. 물 부족이 얼마나 심각한 일인지 짐작할 수 있는 말들이야.

정부는 댐을 더 많이 지으면 물 부족 문제를 해결할 수 있다면서 2010년까지 12개의 댐을 더 짓겠다고 발표했어.

그런데 정말로 댐을 더 지으면 물 부족이 해결될까.

댐을 만들면 댐 위쪽은 물이 많이 고이겠지. 하지만 아래쪽은 물이 말라 버려 생태계에 많은 해를 끼치게 돼. 또, 댐 주변에는 안개가 많이 껴서 그 곳에 사는 사람들이 호흡기 질환에 걸리고 농작물도 큰 해를 입는단다. 경상 북도 안동에서는 댐 주변의 안개 때문에 나무가 썩어 들어서 자기 고장의 사과도 맛보기가 힘들어졌어.

어떤 사람들은 댐을 만들어서 물의 양을 조절하면 홍수를 예방하고, 물 부족도 막을 수 있다고 주장하지. 그런데 우리 나라에서는 1980~90년대에 홍수가 가장 많이 일어났어. 댐이 예전보다 많아졌는데 왜 홍수 피해는 더 늘어났을까?

첫째, 강이 제 모습을 잃어서 자기 역할을 하지 못하기 때문이야. 강은 굽이굽이 흐르면서 물의 속도를 조절한단다. 그런데 사람들이 강을 반듯하게 만들어 놓아서 강물의 속도가 미끄럼틀 타듯 빨라졌어. 비가 많이 오면 상류에서 불어난 물이 엄청난 속도로 아래쪽 마을로 흘러 내려가는 거야. 그래서 아래쪽 마을은 손쓸 새도 없이 홍수를 당하게 되지.

둘째, 강 주변에 논이 있을 때는 비가 많이 내려도 논마다 물이 고여서 댐 역할을 해 주었어. 그런데 강 주변에 도시를 만들면서 '천연 댐' 구실을 하던 논이 없어진 거야. 논은 한 해 동안 1헥타르(땅의 넓이를 나타내는 단위로 1만 제곱미터와 같다. 기호는 ha)에 2,700톤의 물을 담아 둘 수 있는데, 벼를 기르는 동안에는 무려 1만 1,700톤의 물을 담아 놓을 수 있단다. 이런 논을 시멘트나 아스팔트로 덮어 놓으니까

댐 붕괴 현장

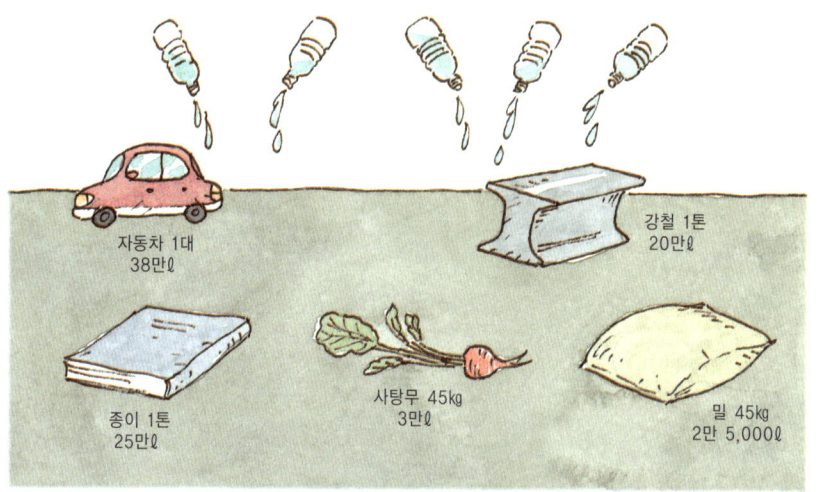

공산품이나 농산물을 생산하는 데 필요한 물의 양

빗물이 땅 속으로 스며들지 못하고 낮은 곳으로 몰려들어 해마다 홍수가 나는 거야. 그나마 배수 시설이라도 제대로 되어 있으면 덜 할 텐데, 그렇지 못하니까 빗물이 빠져 나갈 길이 없어서 피해가 더 심해진단다.

유럽에서도 20세기 초에는 댐을 많이 만들었어. 하지만 지금은 오히려 댐을 허물고 있단다. 먼저 작은 댐부터 허물어서 자연 상태로 되돌리려 하고 있어. 우리도 무작정 댐을 만들어서 물 부족 문제를 해결하겠다는 생각은 버려야 해. 물 부족을 댐을 짓는 것으로 해결하려 한다면 얼마 못 가서 우리의 강은 남아 있지 않을 거야.

지하수가 말라 가고 있다

수돗물을 믿지 못하면서부터 많은 사람들이 생수를 사 먹는데, 생수는 거의 지하수를 퍼낸 물이란다. 어떤 생수 회사는 세계에서 가장 좋은 광천수로 이름난 초정리 물을 함부로 퍼내 팔아서 그 곳의 약수가 거의 말라 버린 일도 있었지.

지하수 개발 현장

공장이나 농촌에서도 지하수를 함부로 뽑아서 사용하기 때문에, 지하수가 점점 마르고 있어. 어떤 곳에서는 예전에는 몇 미터만 파도 물이 나왔는데 이제는 지하 600미터 정도까지 파야 겨우 물이 나온다는구나. 그런데 이렇게 땅을 깊이 파서 지하수를 빼내 쓰면, 땅 거죽이 내려앉는 일도 일어날 수 있어.

게다가 지하수를 개발한다고 함부로 구멍을 뚫어 놓아서, 그 구멍을 타고 공장 폐유, 가축의 똥오줌, 쓰레기 침전물, 합성 세제가 땅 속 깊이 들어가 지하수를 오염시키고 있단다.

물 문제를 해결할 수 있는 방법

물을 아껴 쓰자

우리 나라의 목욕탕에 갔다가 당황했다는 한 독일 아주머니의 이야기를 들은 적이 있어. 사람들이 달걀, 우유, 오이, 진흙 따위로 온몸을 마사지하더라는 거야. 그러더니 우유 팩을 재활용한다며 깨끗이 씻더래. 그 아주머니는 어떻게 우유 팩을 재활용할 생각은 하면서, 물을 오염시킨다는 사실은 깨닫지 못하느냐며 고개를 저었대.

이렇게 우리 나라 사람들의 대부분은 자기가 얼마나 많은 물을 낭비하고 오염시키는지 잘 모르는 것 같아. 그건 아마 너희도 비슷할 거야. 자기가 얼마나 물을 낭비하는지 생각하지 않고 물을 쓰지 않니. 그래서 그런지 우리 나라 사람은 독일 사람보다 물을 두 배나 많이 쓴단다. 이렇게 물을 낭비하고 오염시키다가는 먹을 물마저 모자라게 될 거야.

이제는 물을 소중하게 사용해야 해. 양치질할 때는 반드시 컵에 물을 받아서 사용하고, 설거지할 때도 물을 받아서 사용하는 등 물을 아끼는 습관이 몸에 배어야 해. 그리고 좀더 많은 물을 절약하기 위해서는 절수 시설을 설치하는 것이 좋단다.

만약 엄마, 아빠, 누나, 동생이 사는 가정에서 수세식 변기에 절수기를 달면 한 번에 6리터씩, 한 달이면 4톤의 물을 절약할 수 있어. 만약 1,000만 세대가 변기에 절수기를 단다면 돈으로 따져도 1년에 4,000억 원을 절약할 수 있고, 상수 및 하수 처리 비용까지 계산하면 1조 원 정도를 절약할 수 있지. 그 밖에도

세계의 여러 나라 사람들은 얼마나 많은 물을 사용하고 있을까?

절수형 세탁기를 사용하면 30~50퍼센트의 물을 아낄 수 있고, 수도꼭지에 절수 장치를 달면 20~50퍼센트의 물을 아낄 수 있어. 중수도(한 번 사용한 물을 다시 쓸 수 있게 처리하는 시설)를 설치하는 것도 물을 절약하는 좋은 방법이야. 내가 어렸을 때만 해도 세수한 물을 그냥 버리면 어른들께 꾸지람을 들었어. 꽃밭에 줄 수 있는 물을 귀한 줄 모르고 마구 쓴다고 말이야. 중수도를 설치해서 물을 다시 사용하자는 것도 같은 이치야. 우리가 샤워할 때 쓴 물이라든지 부엌에서 사용한 물은 조금만 거르면 다시 쓸 수 있거든. 먹는 물에서 화장실 변기에 사용하는 물까지 모두 수돗물을 쓰면서, 물이 부족해서 댐을 더 짓겠다는 것은 말도 안 되는 일이야.

서울에 있는 롯데월드에서는 호텔, 백화점, 놀이 시설, 수영장에서 나온 물을 걸러서 화장실 변기에 쓰고 청소할 때도 쓰고 있어. 롯데월드는 하루 800~1,000톤의 물을 걸러서 사용했더니, 2000년에만 5억 6,000만 원의 수돗물 값을 절약할 수 있었대.

이제는 새로 아파트를 짓거나 큰 건물을 지을 때는 중수도를 설치하라고 법으로 정해 놓아야 해. 특히 호텔같이 물을 많이 쓰는 곳에 중수도를 설치하도록 하면 많은 양의 물을 절약할 수 있단다.

집집마다 물을 열심히 아껴 쓰는 만큼 정부도 해야 할 일이 있어. 무엇보다도 물을 나르는 상수도관을 잘 관리해야 해. 우리 나라 상수도관은 묻은 지 20년에 가까워서 이제 바꿔야 할 것이 전체 상수도관의 37퍼센트나 된단다. 물이 새는 낡은 상수도관만 바꾸어도 환경을 파괴하는 댐 몇 개는 짓지 않아도 될 만큼 물을 절약할 수 있어.

그리고 수돗물 값을 좀더 올려야 해. 우리 나라 수돗물 값은 다른 나라와 비교해서 아주 싸단다. 수돗물을 보으고 처리해서 집집마다 보내는 데 드는 비용의 70퍼센트밖에 안 되거든. 나머지 돈은 국민이 낸 세금으로 채운단다. 당장은 집에서 내는 수도 요금이 싸니까 좋은 것 같지만, 좀더 생각해 보면 아주 불공평한 거야. 물을 아껴 쓰는 사람이 물을 낭비하는 사람의 물 값까지 내주는 것과 마찬가지거든. 그렇기 때문에 우리 나라의 수돗물 정책은 물 낭비를 더욱 심하게 하는 원인이 되기도 하는 거야. 이제는 물을 쓰는 사람에게 온전히 그 물 값을 다 물려서, 모든 사람이 물을 아껴 쓰는 습관을 갖게 해야 해.

빗물을 이용하자

부모님들이 너희만할 때만 해도 비가 오면 항아리에 빗물을 한가득 받아 놓았어. 어느 집이나 장독대 옆에 물독대가 있었지. 받아 놓은 빗물로 청소도 하고 빨래도 했는데, 빗물로 빨래를 하면 때가 더 잘 빠졌단다.

그렇다면 이렇게 물이 부족할 때 예전처럼 빗물을 쓰면 되지 않겠느냐고? 그래, 너희 생각이 옳아. 요즘 비는 예전과 달리 많이 오염되어서 빨래를 하기는 힘들지만, 화장실과 건물 청소에 사용하는 것은 괜찮아.

인천의 문학 경기장은 지붕에 떨어지는 빗물을 받아 두었다가 잔디와 나무에 물을 주거나, 건물 청소를 하고 화장실에서 사용하는 물로 활용한단다. 우리 나라 월드컵 경기장 10개 가운데 인천 문학 경기장을 비롯해서 대전, 전주, 서귀포 경기장에 빗물을 이용하는 시설이 마련되어 있지.

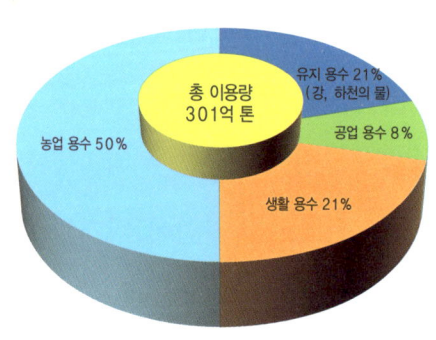

물이 이용되는 곳(1999년 기준)

일본도 월드컵 축구 전용 경기장 가운데 요코하마, 사이마타 경기장 등에 빗물을 이용하는 시설을 갖추어서 환경 친화적인 월드컵을 준비했단다.

우리 나라는 2001년부터 종합 운동장이나 실내 체육관 등 지붕 면적이 2,400제곱미터 이상이고, 관람석이 1,400개 이상인 건물을 짓거나 고칠 때는 반드시 빗물을 이용할 수 있는 시설을 만들도록 했어. 하지만 아직까지는 빗물을 이용하는 곳이 많지 않아.

우리 나라는 1년에 1,270억 톤이 넘는 비가 내리지만, 이 가운데 우리가 이용하는 물은 26퍼센트밖에 안 된단다. 나머지 43퍼센트는 증발해서 사라지고, 31퍼센트는 그냥 바다로 흘러가 버리지.

칠레의 한 어촌에서는 안개에서 물을 얻어 쓴단다. 높은 곳에 나무로 기둥을 세우고 플라스틱 물 수집판을 걸어서 안개 속의 작은 물방울들을 모으는 것이지. 얼핏 생각하면 참 원시적

이다 싶지만, 댐을 만들어서 생태계를 파괴하는 어리석은 행동을 생각하면 비웃을 일이 아니야. 빗물을 모으거나, 한 번 쓴 물을 다시 쓰는 것 등은 모두 옛날 사람들이 사용하던 방법이야.

녹색 댐을 만들자

댐이 생태계를 파괴하고, 오히려 물을 낭비하게 한다면서 다시 댐을 만들자고 하니 이상하지? 하지만 녹색 댐은 인공 댐과 다르단다. 녹색 댐은 홍수를 조절하고 물을 저장하는 일을 하면서도 생태계를 전혀 파괴하지 않거든.

녹색 댐이란 나무가 울창한 산을 말한단다. 산에 내리는 비는 곧바로 땅으로 쏟아지지 않고, 큰 나무의 잎에 떨어졌다가 가지를 타고 내려가 뿌리로 스며들지. 어떤 빗방울은 큰 나무 옆에 서 있는 조금 작은 나무의 잎에 떨어졌다가 가지를 타고 뿌리까지 내려가지. 그리고 어떤 빗방울은 작은 나무 옆에 있는 초록빛 식물의 어린 잎에 떨어졌다가 또르르 굴러서 뿌리로 간단다. 산은 이렇게 물을 곳곳에 저장해 두었다가 조금씩 계곡으로 내려보내지. 너희도 계곡에 흐르는 물을 본 적이 있을 거야. 깊은 산의 물일수록 아주 맑고 시원하잖니. 그건 산에 있는 나무들이 빗물을 걸러서 내려보내기 때문이야.

만약 우리 나라에 산이 없다면 어떻게 될까? 1년 365일 가운데 270일 이상은 하천의 물이 말라 버려서, 하천에는 아무것도 살지 않게 될 거야. 하지만 산은 나무들이 모아 둔 물을 끊임없이 내놓기 때문에, 가뭄이 들어도 계곡과 강이 마르지 않고 물이 흐를 수 있단다.

또, 비가 많이 와도 울창한 산이 있으면 걱정할 필요가 없어. 산은 많은 양의 빗물을 받아 두기 때문에 홍수 날 일이 없거든. 우리 나라 산들은 연간 약 180억 톤의 물을 저장한다는구나. 180억 톤이면 우리 나라의 다목적댐들이 저장하는 물의 양의 2.5배야.

그러므로 이제는 생각을 바꿔야 해. 어차피 댐을 만드는 데에도 5년에서 10년은 걸리니까, 그 동안 산에 많은 나무를 심어서 가꾸고 배수 시설에 투자를 하면 물 문제도 해결하고 하천도 살릴 수 있어.

나무는 지구에 꼭 필요한 존재야. 지구를 덥게 만드는 이산화탄소를 흡수하면서 산소를 만들어 주거든. 그러니까 나무가 많아지면 공기도 맑아지고, 땀 흘리는 지구의 열도 식힐 수 있을 거야.

그런데 이런 소중한 산들이 점점 사라지고 있단다. 해마다 여름 장마 때면 동두천을 비롯한 경기 북부 지역에 물난리가 나는 이유가 뭔지 아니. 파주와 문산 지역의 산들이 없어졌기

강원도 영월 동강(조선일보사 제공)

때문이야. 지난 20여 년 동안 산을 깎아 도시를 만들면서 이 곳에서 사라진 산과 논밭이 여의도의 5.7배나 되는 크기라는구나. 그러니 홍수 조절 기능이 약해져서 비가 조금만 많이 내려도 물난리가 나는 거야.

이 곳만 그런 것이 아니라 우리 나라 전체가 도로를 내고 공장을 짓고 아파트를 만들면서 지난 20여 년 동안 산과 논밭을 무려 30만 헥타르나 없앴단다. 결국, 도시를 만들고 도로를 내고 공장을 많이 지으면서 춘천댐 열 배의 역할을 할 수 있는 자연의 물 조절 기능을 포기한 셈이야. 그렇게 하고서 가뭄과 홍수의 피해를 막는다고 억지로 물이 흐르지 못하게 하는 인공 댐을 만들고 있으니 정말 답답한 일이지.

오염된 강을 살리자

우리 나라에서 풍부했던 물이 부족해진 것은 두 가지 이유 때문이야. 하나는 물을 함부로 많이 썼기 때문이고, 다른 하나는 물이 너무 오염되어서 사용할 수 있는 물이 적어진 거야.

낙동강 주변에 물이 부족한 것도 낙동강이 너무 오염되어서 사용할 수 있는 물이 없기 때문이야. 그런데 정부에서는 낙동강 주변에 사는 사람들에게 물을 공급하기 위해 지리산에 댐을 짓겠다는구나.

지리산은 희귀 생물이 많이 살고, 우리의 문화 유산이 풍부한 곳인데 말이야. 그렇다면 강을 다시 깨끗하게 만들어서 물을 공급하는 것이 올바른 순서겠지. 그런데 낙동강 상류에는 공업 단지를 만들려고 하면서, 댐을 지어서 먹는 물을 공급하겠다는 것은 앞날을 내다보지 못하는 짧은 생각이야. 이렇게 한다면 어느 세월에 우리의 하천을 깨끗한 본래의 모습으로 돌려 놓을 수 있겠니.

또, 하천이 오염된 것은 사람들이 억지로 하천의 모양을 바꾸어 놓은 탓도 있어. 사람들은 좁은 공간을 활용한다면서 구불구불한 강을 직선으로 만들고, 강 옆에는 주차장을 만들었어. 그리고 작은 하천은 덮어 버리고 그 위에 도로를 만들었지. 그런 일을 한 사람들은 강이 구불구불 흐르는 것이 얼마나 중요한지를 알지 못한 거야. 산에서 내려오는 물은 돌과 부딪히면서 산소도 공급받고, 굽이굽이 흐르면서 오염 물질도 걸러 낸단다. 뿐만 아니라 비가 많이 와도 강물이 빠르게 흐르지 않고 굽이굽이 흘러 속도를 늦추기 때문에 홍수 피해도 줄일 수 있어.

하지만 강기슭을 시멘트로 덮어 놓으면 물풀이 자라지 못한단다. 물풀은 물고기의 집이라서, 물풀이 자라지 못하면 물고기도 살 수 없게 되지. 그래서 독일에서는 라인 강변의 시멘트를 걷어 내는 공사를 하고 있어. 강의 모습을 원래대로 되돌리려면 처음 시멘트 공사를 할 때보다 더 어렵고 돈도 많이 들게 된단다. 하지만 강을 원래 모습으로 돌려놓지 않으면, 피해가 점점 늘어난다는 것을 알기 때문에 서둘러 복구하고 있대.

도시에도 크고 작은 하천들이 많단다. 하천에 덮개를 씌우는 복개 공사를 해 놓아서 눈에 보이지 않을 뿐이야. 그런데 복개 공사가 하천을 썩게 했어. 하천에 덮개를 씌워 놓아서 산소가 부족해진 거야. 하천은 산소가 부족하면 오염 물질을 제대로 정화할 수 없는데, 산소가 들어올 길은 막혀 있고, 오물은 계속해서 들어오니 물이 썩을 수밖에 없는 거지. 게다가 물이 썩으면서 발생하는 암모니아와 메탄가스 때문에 폭발할 위험도 있어. 1980년대에는 서울의 중심부를 지나는 청계천이 폭발할지도 모른다면서 미군들이 그 위로는 다니지도 않았대.

'맑은 계곡의

지표 생물로 알아보는 수질 상태

	등급	특징	어류	곤충 및 기타
	1등급	맑고 깨끗하며 냄새가 없고 마실 수 있다.	열목어, 산천어, 버들치 등	하루살이유충, 강도래유충, 옆새우 등
	2등급	맑고 냄새가 나지 않는다. 목욕과 수영을 할 수 있다.	쏘가리, 갈겨니, 쉬리 등	다슬기, 장구애비, 잠자리유충 등
	3등급	황갈색의 탁한 물. 바닥에 모래와 자갈이 있다.	참붕어, 잉어, 미꾸리 등	달팽이, 우렁이, 소금쟁이 등
	4등급	고약한 냄새가 나는 썩은 물 또는 죽은 물. 물고기가 살 수 없다.		깔따구, 거머리, 지렁이 등

지표 생물이란 독특한 환경 조건에서만 살 수 있는 생물을 말한다. 어떤 물고기는 더러운 곳에서도 살 수 있지만 어떤 것은 약간이라도 더러우면 못 산다. 만약 깨끗한 물에만 사는 생물이 살고 있다면, 그 물은 깨끗할 것이다. 이렇게 어떤 생물이 사는가에 따라 물의 오염도를 알 수 있다.

물'이라는 뜻을 가진 청계천은 이름처럼 아주 맑은 개울이었어. 그런데 복개를 해서 덮개로 가리워진 뒤로는 오염 물질이 썩으면서 가스까지 가득 차는 바람에 사람이 질식해서 죽은 사건도 있었어.

만약 청계천을 덮지 않고 그대로 두었으면 어땠을까. 그래도 그렇게까지 고약한 냄새가 났을까?

도시 중심을 흐르는 하천은 사람들이 잘 볼 수 있도록 해야 한단다. 그래야 하천이 오염되면 곧바로 손을 쓰고, 깨끗하게 만들려고 노력하게 되지. 눈에 보이지 않으면 하천이 썩는지 어떤지를 모르니까 조심하지도 않잖니.

 그래도 이제는 양재천을 비롯한 많은 하천을 원래 모습으로 되돌려 놓으려고 많이 노력하고 있어. 청계천도 2003년부터 복원 사업을 통해 2005년 도심 속 하천으로 재탄생했지. 앞으로는 더 많은 하천이 제 모습을 찾아서 굽이굽이 돌면서 흐르는 날이 올 거라고 믿는다. 씩씩하게 환경을 지켜 나갈 너희들이 있으니까!

더 알아봅시다!

윤제용 선생님을 찾아서

1 수돗물은 어디서 오나요?

수돗물은 강이나 호수에서 끌어온 물입니다. 하지만 강이나 호수의 물을 그대로 마실 수는 없습니다. 왜냐 하면 여러 가지 오염 물질이나 질병을 일으키는 미생물이 들어 있을 수 있기 때문이지요. 그래서 강이나 호수의 물을 먼저 정수장에 모아서 응집제를 넣어 오염 물질들을 가라앉히고, 소독제를 넣어 미생물을 없앱니다. 이 밖에도 여러 과정을 거치면서 우리가 마실 수 있을 만큼 물을 깨끗하게 만들어서 상수도를 통해 가정과 회사와 학교 등으로 보내지요.

2 저희 부모님은 운동장에서 뛰어놀다가 목이 말라도 수돗물을 마시지 말라고 하십니다. 수돗물은 그냥 마시면 안 되나요?

사람들이 수돗물을 믿지 못하는 걸 보면 수돗물을 관리하는 사람으로서 미안하기도 하고 안타까운 마음이 들기도 합니다.

수돗물 대신 생수를 마시면 된다고 생각하는 사람들도 있겠지만, 그건 하나만 알고 둘은 모르는 어리석은 생각입니다. 깨끗한 물을 얻기 위해 여기저기서 땅을 깊게 파는 바람에 벌써부터 많은 문제들이 생기고 있어요. 땅이 내려앉기도 하고, 지하수가 줄어드는 바람에 지역 주민들과 생수 회사 사이에 싸움이 일어나고 있지요.

이제는 우리 모두가 수돗물을 깨끗하게 해서 더욱 많은 곳에 쓸 수 있도록 노력해야 합니다. 수돗물을 만들고 관리하는 사람들은 더욱 깨끗한 물을 만드는 기술을 개발하고, 철저하게 수돗물을 관리해야 합니다.

3 우리 나라는 물이 부족한 나라에 속한다고 들었어요. 어떻게 하면 물이 모자라지 않을까요?

지금까지는 물이 부족하면 댐을 지어서 해결하려고 했어요. 그러나 댐은 자연을 망가뜨릴 뿐만 아니라, 짓는 데 엄청난 돈이 들지요. 이제는 다른 방법을 찾아야 합니다.

무엇보다도 물을 아껴 써야 해요. 물을 틀어 놓고 세수를 하거나, 설거지와 빨래를 하는 것은 아주 좋지 않은 습관입니다. 유럽 사람들은 물을 아껴 쓰는 생활이 몸에 배어 있습니다. 빗물을 받아 청소를 하고, 중

수도를 설치해서 한 번 쓴 물을 화장실 물로 다시 사용하지요.

그리고 물을 아낄 수 있는 시설을 설치해야 합니다. 수도 꼭지나 변기 등에 절수 장치를 달면, 쓰지도 않은 물이 빠져 나가는 것을 막을 수 있지요.

물을 쓰지 않고 살 수 없다는 건 다들 알고 있을 거예요. 따라서 우리뿐만 아니라 우리 후손들이 고통받지 않게 하려면 물 한 방울도 헛되게 쓰면 안 된답니다.

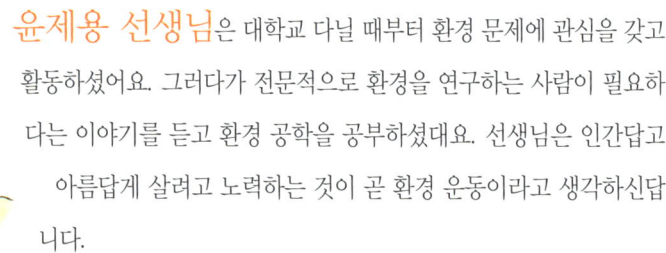

윤제용 선생님은 대학교 다닐 때부터 환경 문제에 관심을 갖고 활동하셨어요. 그러다가 전문적으로 환경을 연구하는 사람이 필요하다는 이야기를 듣고 환경 공학을 공부하셨대요. 선생님은 인간답고 아름답게 살려고 노력하는 것이 곧 환경 운동이라고 생각하신답니다.